# 数字贸易规则与高水平开放

研究阐释党的二十大精神丛书

上海市哲学社会科学规划办公室
上海市习近平新时代中国特色社会主义思想研究中心
编

李墨丝 著

上海人民出版社

# 出版前言

党的二十大是在全党全国各族人民迈上全面建设社会主义现代化国家新征程、向第二个百年奋斗目标进军的关键时刻召开的一次十分重要的大会。这次大会系统总结了过去5年的工作和新时代10年的伟大变革，阐述了开辟马克思主义中国化时代化新境界、中国式现代化的中国特色和本质要求等重大问题，对全面建设社会主义现代化国家、全面推进中华民族伟大复兴进行了战略谋划，对统筹推进“五位一体”总体布局、协调推进“四个全面”战略布局作出了全面部署，在党和国家历史上具有重大而深远的意义。

为全面学习、全面把握、全面落实党的二十大精神，深刻揭示党的创新理论蕴含的理论逻辑、历史逻辑、实践逻辑，在中共上海市委宣传部的指导下，上海市哲学社会科学规划办公室以设立专项研究课题的形式，与上海市习近平新时代中国特色社会主义思想研究中心、上海市中国特色社会主义理论体系研究中心联合组织了“研究阐释党的二十大精神丛书”（以下简称丛书）的研究和撰写。丛书紧紧围绕强国建设、民族复兴这一主题，聚焦习近平新时代中国特色社会主义思想，聚焦新时代党中央治国理政的伟大实践，力求对党的创新理论进行学理性研究、系统性阐释，对党的二十大作出的重大战略举措进行理论概括和分析，对上海先行探索社会主义现代化的路径和规律、勇当中国式现代化的开路先锋进行理论总结和提炼，体现了全市理论工作者高度的思想自觉、政治自觉、理论自觉、历史自觉、行动自觉。丛书由上海人民出版社编辑出版。

丛书围绕党的二十大提出的新思想新观点新论断开展研究阐释，分领域涉及"第二个结合"实现之路、中国式现代化道路、五个必由之路、中国共产党的自我革命、斗争精神与本领养成、国家创新体系效能提升、中国特色世界水平的现代教育探索、人民城市规划建设治理、超大城市全过程人民民主发展、数字空间安全、长三角一体化发展示范区等内容，既有宏观思考，也有中观分析；既有理论阐述，也有对策研究；既有现实视野，也有前瞻思维。可以说，丛书为学习贯彻习近平新时代中国特色社会主义思想和党的二十大精神提供了坚实的学理支撑。

丛书的问世，离不开中共上海市委常委、宣传部部长、上海市习近平新时代中国特色社会主义思想研究中心主任、上海市中国特色社会主义理论体系研究中心主任赵嘉鸣的关心和支持，离不开市委宣传部副部长、上海市习近平新时代中国特色社会主义思想研究中心常务副主任、上海市中国特色社会主义理论体系研究中心常务副主任潘敏的具体指导。上海市哲学社会科学规划办公室李安方、吴净、王云飞、徐逸伦，市委宣传部理论处陈殷华、俞厚未、姚东、柳相宇，上海市习近平新时代中国特色社会主义思想研究中心叶柏荣等具体策划、组织；上海人民出版社编辑同志为丛书的出版付出了辛勤的劳动。

“全面建设社会主义现代化国家，是一项伟大而艰巨的事业，前途光明，任重道远。”希望丛书的问世，能够使广大读者加深对中华民族伟大复兴战略全局和世界百年未有之大变局、对中国共产党人更加艰巨的历史使命、对用新的伟大奋斗创造新的伟业的认识，能够坚定我们团结奋斗、开辟未来的信心。

# 目　录

# 前 言

党的二十大报告把“推进高水平对外开放”作为“加快构建新发展格局，着力推动高质量发展”的重要内容，提出要“稳步扩大规则、规制、管理、标准等制度型开放”。习近平总书记指出，数字经济“正在成为重组全球要素资源、重塑全球经济结构、改变全球竞争格局的关键力量”。数字经济时代，数字领域应当成为推进高水平对外开放和扩大制度型开放的重中之重。

当前，数字全球化正加速发展，数字经济国际竞争空前激烈，数字治理成为大国博弈焦点。中美数字领域的战略竞争已成新常态，美欧呈现出竞争与合作的复杂互动，中欧数字关系也处于变化之中。大变局对我国推进数字领域高水平对外开放带来了严峻挑战。我国必须在数字领域主动作为，以制度型开放引领高水平对外开放、破解发展环境困局，避免落入“修昔底德陷阱”。

近年来，我国数字化转型不断提速，数字经济和贸易蓬勃发展，国内法制建设不断完善，地方层面试点加紧推进，为推进数字领域高水平对外开放奠定了基础。在中美欧数字博弈愈演愈烈的大背景下，我国主动对标国际高标准数字贸易规则，对不断做大做强数字经济，制定和完善数字领域对外开放政策以及参与国际经贸协定谈判，具有特殊重要的意义。

《区域全面经济伙伴关系协定》（RCEP）已经全面生效，这是迄今为止我国签署的标准最高的自贸协定，是我国对外开放的重要里程碑。我国也已正式申请加入《全面与进步跨太平洋伙伴协定》（CPTPP）和《数字经济伙伴关系协定》（DEPA），释放出进一步推进高水平对外开放的积极信号。但是，我国数字领域仍然存在较多限制，包括跨境数据流动的跨部门限制、数字服务部门的行业限制以及数字技术的标准限制等，数字领域高水平对外开放亟需深入推进，制度型开放亟待破题。

有鉴于此，本书从大变局下中美欧数字博弈及对我国数字领域对外开放的挑战入手，研究国际高标准数字贸易规则的核心内容和发展趋势，考察我国数字领域存在的主要限制以及推进高水平对外开放取得的进展，在此基础上提出通过自贸试验区和自由贸易港等重要载体开展先行先试、加大压力测试的实施方案。

# 第一章

# 大变局下中美欧数字博弈及其对我国数字领域对外开放的挑战

数字经济的兴起和发展是百年变局的重要组成。在逆全球化、新冠疫情和俄乌危机等多重因素叠加影响下，数字领域的全球竞争空前激烈，已经成为大国博弈的主阵地。中美欧数字博弈将对中国深入推进数字领域高水平对外开放、构筑国家竞争新优势带来重大挑战。

## 第一节　百年未有之大变局下的中美欧数字博弈

当前，数字领域中美欧三极竞争格局已经基本形成。中美数字领域的战略竞争已成新常态，美欧呈现出竞争与合作的复杂互动，中欧数字关系也处于变化之中。三方为了各自战略利益，既有合作也有竞争，数字关系趋于复杂。

### 一、全球数字市场的中美交锋：战略竞争成为新常态

近年来，中美关系竞争和冲突的方面越来越多。作为促进经济复苏、重塑竞争优势的关键力量，数字领域无疑是美国与中国强势竞争的前沿阵地。中美贸易摩擦爆发之后，特朗普政府不仅对半导体等信息通

讯技术（ICT）产品加征关税，[①]还将华为等中国科技企业列入出口管制实体清单，贸易摩擦当中数字摩擦显露端倪。随后中美贸易摩擦持续发酵，美国打压华为和 TikTok 等企业、实施清洁网络计划、推出蓝点网络计划等，遏制中国的手段不断加码，贸易战升级为科技战。拜登政府上台后，加紧通过国内立法和国际规则在数字领域全方位、系统性地遏制中国。随着数字革命不断深入，中美之间的利益争夺还将不断加剧，即使局势偶有缓和，数字领域战略竞争已经成为中美博弈新常态。

第一，制华措施不断推陈出新。为了应对中国日益增长的数字影响力，美国的政策工具层出不穷，不仅大大强化了出口管制和外资审查等传统政策工具，还推出一系列制华遏华的新机制，并强化与既有机制之间的交叉引用。

一是强化出口管制。中美贸易摩擦爆发以来，美国商务部针对中国企业共开列出 24 次实体清单，截至 2022 年 8 月，已有 600 家中国实体被纳入。[②]2022 年 10 月，美国商务部工业与安全局（BIS）继过去数月对中国采取若干监管和执法行动后，通过了一系列针对中国的出口管

① See USTR, “China Section 301-Tariff Actions and Exclusion Process-$16 Billion Trade Action (List 2)”, https://ustr.gov/issue-areas/enforcement/section-301-investigations/section-301-china/16-billion-trade-action, visited on 19 December 2021.

② See Bureau of Industry and Security U.S. Department of Commerce, “Commerce Adds Seven Chinese Entities to Entity List for Supporting China’s Military Modernization Efforts”, https://www.bis.doc.gov/index.php/documents/about-bis/newsroom/press-releases/3121-2022-08-23-press-release-seven-entity-list-additions/file, visited on 21 May 2021.

制新规，[①] 包括修订《出口管理条例》( Export Administration Regulations ) 下的相关规则以及实体清单。此次修订主要针对中国新增了半导体制造相关物项的出口管制、先进计算和超级计算机的外国直接产品规则、超级计算机最终用途管制等相关措施，同时将 31 家中国公司、研究机构和其他团体列入“未经核实清单”这些措施旨在进一步制约中国芯片产业发展，遏制中国高新技术企业对外贸易活动的正常运行。

二是对外投资审查。拜登政府正在加快出台新的出口管制和投资审查制度，着眼于审查美国对外投资，特别是对中国的投资。[②] 美国认为，对外投资可能会绕过出口管制和外资审查，或者以损害美国国家安全的其他方式增强竞争对手的技术能力。与此同时，国会也在谋划制定相关立法。《2021 年国家关键能力防御法（草案）》( National Critical Capabilities Defense Act of 2021 ) 旨在建立跨部门对外投资审查制度，评估对外投资对外国对手的国家安全和危机应对的影响。该法案要求公司披露关键供应链和能力外包给外国对手的情况。对外投资审查重点关注影响国家安全的制造业和关键技术，与数字领域有关的主要是通信、机

① See US Mission China, “Commerce implements new export controls on advanced computing and semiconductor manufacturing items to the PRC”, https://china.usembassy-china.org.cn/commerce-implements-new-export-controls-on-advanced-computing-and-semiconductor-manufacturing-items-to-the-peoples-republic-of-china-prc/, visited on 21 May 2023.

② See Inside U.S. Trade, “Sullivan: White House eyeing outbound investments that undermine export controls”, https://insidetrade.com/daily-news/sullivan-white-house-eyeing-outbound-investments-undermine-export-controls, visited on 27 August 2021.

器人、人工智能、半导体等行业。① 其实，对外投资审查，尤其是与中国有关的投资审查，一直备受争议。特朗普政府曾经主张在《外国投资风险审查现代化法案》(FIRRMA)中加入相应条款，将美国外国投资委员会(CIFUS)的管辖权扩张至技术转让的对外投资，但最终被否决。②美国当时提出对外投资审查，重点是应对中国所谓的知识产权窃取和强制技术转让，现有法律框架足以应对，制定新法并不必要。现在重提对外投资审查，主要是为了遏制中国日益增长的竞争力和影响力，这已经成为美国对华政策的优先事项和迫切需求。当然法案最终能否成形，要看美国如何在扩大对外投资与限制技术出口之间做出取舍，在自身发展与遏制对手之间进行平衡。

三是普惠制现代化改革。美国国会提议制定《数字贸易促进发展法案》(Digital Trade for Development Act)，旨在通过将数字贸易作为普惠制资格标准下的法定考虑因素，推动受惠国采取开放的数字贸易政策，并推动普惠制的现代化。③ 理由是越来越多的受惠国在受益于普惠制下的美国市场免税准入的同时，又采取破坏美国价值观、就业和出口的数字政策，因此普惠制亟须更新和改革，以支持健全的数字贸易政策，促

① See U.S. Congress, National Critical Capabilities Defense Act of 2021, S1864, 117th Congress, introduced on May 26, 2021.

② See Inside U.S. Trade, "Treasury considering implementing parts of CFIUS reform bill as part of 301 response", https://insidetrade.com/daily-news/treasury-considering-implementing-parts-cfius-reform-bill-part-301-response, visited on 2 September 2021.

③ See Digital Trade for Development Act, H.R.3052, 117th Congress, introduced on May 7, 2021.

进美国在全球的战略利益。① 该法案的内容已经体现在《2021 年美国创新与竞争法》中。其实，中国并不在美国的普惠制名单上，美国此举更多地是要削弱所谓的中国限制模式对美国受惠国的影响。虽然没有证据表明采取本地化措施的国家是受到中国影响，但是美国显然已经视之为全球势力范围的争夺战，认为普惠制标准现代化有利于争取尚未决定遵循中国模式的“摇摆国家”，扩大美式数字圈，而美国及其盟友选择的数字发展道路将对未来美国国家安全发挥关键作用。②

第二，制华措施系统化和法制化。2021 年 6 月，美国国会参议院通过《2021 年美国创新与竞争法》，开启了系统化和法制化的制华时代。该法长达 2000 多页，整合了《无尽前沿法案》《2021 年战略竞争法案》和《2021 年迎接中国挑战法案》等众多法案，包含大量涉华条款，在美国历史上实属罕见。该法的通过释放出一个重要信号，即打击中国试图取代美国成为世界超级科技大国的努力越来越成为两党的共识。③ 该法旨在通过加大对科技创新的投入，封堵技术和人才的外流，来加强美国在关键技术领域的领导地位，阻挡中国科技进步发展的步伐。其中

---

① See Darin Lahood, “LaHood Introduces Digital Trade for Development Act”, https://lahood.house.gov/2021/5/lahood-introduces-digital-trade-development-act, visited on 2 September 2021.

② See Siddharth Mohandas, Kristine Lee & Joshua Fitt, et al., “Designing a U.S. Digital Development Strategy”, Center for a New American Security, September 2020.

③ See Jake Harrington and Riley McCabe, “What the U.S. Innovation and Competition Act Gets Right”, https://www.csis.org/analysis/what-us-innovation-and-competition-act-gets-right-and-what-it-gets-wrong, visited on 2 September 2021.

有大量关于数字贸易以及数字技术与连接的规定，既要实施数字技术贸易联盟、数字连接和网络安全伙伴关系计划等新设机制，也要加强国际标准制定、数字贸易协定谈判等既有举措，企图拉拢盟友，切断中国与世界的数字连接。此外，区域技术中心计划、关键供应链弹性计划等重要计划的实施，也将会在相当程度上挤压中国数字领域的发展空间。由此可见，该法试图造成中美科技进一步“脱钩”，始于5G、半导体的中美数字领域战略竞争显然不会止步于此，美国在出于战略考虑可能瞄准的关键瓶颈领域，还会进一步打击遏制中国，这场冲突将产生更加深远的影响。

表 1-1 《美国创新和竞争法》数字领域的相关规定

| 法案 | 章节 | 主要目标 | 具体内容 |
| --- | --- | --- | --- |
| 2021年战略竞争法案 | 数字技术与连接 | 建立数字技术联盟 | • 数字技术的战略意识<br>■ 领导国际标准制定。美国必须在为关键数字化技术制定治理规范和规则的国际机构中发挥领导作用，以确保这些技术在自由、安全、可互操作和稳定的数字化环境中运行。<br>■ 反对数字权威主义。美国应与盟国和合作伙伴一起，利用其掌握的所有经济和外交工具，打击扩大使用ICT产品和服务来监视、压制和操纵人口。<br>■ 谈判数字贸易协定。美国贸易代表办公室应与欧盟、日本、“五眼联盟”成员国及其他国家，谈判有关数字产品的双边、诸边数字贸易协定或安排。<br>■ 数字时代的信息自由。随着数字领域成为日益不可或缺的通信机制，美国应该领导全球努力确保信息自由得到维护，包括安全消费或发布信息而不必担心受到不当报复的能力。<br>■ 形成数字技术贸易联盟。美国应当就形成有关数字化技术和服务的互利联盟进行外交谈判的机会开展评估。 |

续表

| 法案 | 章节 | 主要目标 | 具体内容 |
| --- | --- | --- | --- |
| 2021 年战略竞争法案 | 数字技术与连接 | 建立数字技术联盟 | • 数字连接和网络安全伙伴关系计划：保护数据等技术资产；在目标新兴市场扩大和增加安全的互联网接入；与伙伴国合作采取政策和监管立场，促进和鼓励开放、互操作、可靠和安全的互联网，包括数据自由流动；促进美国 ICT 产品和服务的出口，增加美国公司在目标市场的市场份额；与伙伴国合作建立网络安全能力并采用最佳实践；<br>• 美国国际发展金融公司的数字投资战略：鼓励私人部门的数字投资。 |
| 2021 年贸易法案 | 数字贸易的壁垒与审查 | 消除数字贸易壁垒 | • 识别数字贸易壁垒：识别贸易伙伴采取的损害数字贸易的政策措施，并将做法最恶劣的国家或地区列入重点观察名单；<br>• 监督不公平贸易行为：在贸易代表办公室内指定官员，负责监督信息和通信设备供应商的不公平贸易行为；<br>• 谈判数字贸易协定：与志同道合的贸易伙伴谈判数字贸易协定，以解决数字壁垒、阻止审查、促进信息自由流动、保护隐私、保护敏感信息等。 |
|  | 普惠制的再授权与改革 | 将受惠国是否采取数字贸易措施纳入考察范围 | • 避免施加或消除数字贸易壁垒，包括不必要或歧视性的数据本地化或数据传输限制；<br>• 在数字环境中采取措施支持消费者保护、个人信息隐私和开放数字生态系统。 |

资料来源：作者基于《美国创新与竞争法》整理。

此后，美国国会于 2022 年 7 月通过《芯片和科学法案》，同年 8 月 9 日签署。该法由《2022 年芯片法案》《研发、竞争和创新法》《2022 年最高法院安全资金法案》三部分构成。该法通过向半导体行业提供大额政府补贴、大幅增加美国芯片研究和创新资金、为企业提供投资税抵免以及设置“护栏条款”，即强制规定获得芯片产业补贴的企业不得在中国投资或扩建先进制程的半导体工厂等措施，鼓励企业在美国本土自主研发和制造芯片，确保美国先进制造的领先地位，对芯片产业链供应链实施“去中国化”，以遏制中国科技发展。该法案的出台将阻碍国际半导体企业在中国的经贸与投资活动，进一步扭曲全球半导体供应链，加剧半导体产业的全球地缘政治竞争。

第三，制华措施国内国际相互配合。印太地区是美国在国际层面围堵中国的主战场，在数字领域美国主要通过国际规则谈判以及国际协调机制来实现遏制中国的目标。美国的最新战略举措是推动形成印太经济框架（IPEF）数字经济规则。美国制定印太地区数字贸易协定，不仅是为了对抗中国的数字影响力，也是为美国重返亚太铺路，并巩固其数字领域领导力。从国内因素看，美国退出《跨太平洋伙伴关系协定》（TPP）以来，虽然先后与加拿大、墨西哥、日本缔结《美墨加协定》和《美日数字贸易协定》，但是并未达成覆盖整个区域的数字贸易协定，早期与澳大利亚、新加坡、韩国的自贸协定数字贸易规则也属于标准较低的前互联网时代规则，因此迫切需要达成新的协议，进一步确立美式数字贸易规则的领导地位。从中国因素看，中国正在成为亚太地区数字贸易领域的重要力量，中国签署的《区域全面经济伙伴关系协定》（RCEP）包含数字贸易条款，但在跨境数据流动和禁止数据本地化等核心规则上与美国差异较大。从盟友因素看，澳大利亚、新加坡等国正在积极推进数字贸易谈判，并敦促美国加入这些谈判。美国智库和学者也纷纷撰文，建议美国加入新加坡模式的《数字经济伙伴关系协定》(DEPA)。[①]2021年8月，美国宣布有意在2023年担任亚太经合组织（APEC）东道主，[②]意在重新参与亚太地区事务并加强其领导地位。这意味着中国参与区域合作时将面临来自美国更大的压力，包括隐私保护、跨境数据流动、开放政府数据等方面。

对美国而言，在封堵数字技术、进入数字市场、促进数据流动等关键问题上面临的“难以逾越”的障碍，使其认为中美之间数字领域的博弈不仅是崛起大国与现存大国之间的对抗，也是两国不同的数字领域价值观和发展模式在全球范围内的争夺。不同于应对传统领域竞争的措施已经相对成熟，美国尚缺少有效应对数字领域新型博弈的政策工具，这也使美国感到前所未有的“恐惧”，中美之间数字领域的矛盾将会越来越尖锐。然而，全球产业链供应链的形成和发展是市场规律和企业选择共同作用的结果，数字领域更是如此。中国已经深度融入全球经济，中美数字领域密不可分。而美国打压中国数字技术和数字企业，人为地使数字领域成为中美关系中最严重的“断层线”，并不能完全改变市场规律和企业选择，彻底“脱钩”是不现实的。

---

① See Matthew P.Goodman, “DEPA and the Path Back to TPP”; https://www.csis.org/analysis/depa-and-path-back-tp, visited on 19 July 2021; Susan Aaronson, “The One Trade Agreement Biden Should Sign Up For Now”, https://www.barrons.com/articles/the-one-trade-agreement-biden-should-sign-up-for-now-51614607309, visited on 3 September 2021.

② See Inside U.S. Trade, “Harris proposes U.S. as next APEC host, backs deeper Indo-Pacific ties”, https://insidetrade.com/daily-news/harris-proposes-us-next-apec-host-backs-deeper-indo-pacific-ties, visited on 27 August 2021.

## 二、全球数字治理的美欧角力：竞争合作复杂互动

### （一）美欧数字裂痕：核心争议及其根源

众所周知，美欧之间在数据流动、数字税、数字平台监管等问题上的矛盾重重，而且由来已久。这种矛盾背后的根源是美欧数字领域的结构性矛盾，引发美国数字霸权与欧盟数字主权之间的对立和对抗，而且这些深层次分歧将制约美欧经贸关系的实质性改善。

跨境数据流动是美欧数字博弈的焦点。大西洋沿岸地区是世界上跨境数据流量最大的地区，美欧之间高度相互依存：欧洲一半以上的跨境数据流在美国，美国一半以上的跨境数据流在欧洲。[①] 但由于欧盟数据保护的布鲁塞尔效应以及美国监控资本主义[②]的马太效应之间的对抗，[③] 以及双方对个人数据和隐私保护的价值理念和监管方法的巨大差异，美欧难以就跨境数据流动规则达成一致。尽管为了填补监管上的差距，美欧于 2000 年达成《安全港协议》，对隐私保护及数据传输标准作了折中处理，但于 2015 年被欧洲法院判决无效；此后，美欧于 2016 年达成

---

① See Bitkom, "Joint Industry Letter on Schrems II Case Ruling", 30 July 2020, https://www.bitkom.org/sites/default/files/2020-07/draft-joint-industry-statement-on-privacy-shield-and-sccs-july-28-2020.pdf, visited on 14 June 2022.

② 监控资本主义是信息资本主义的新形式，旨在利用信息技术监控用户数据，预测甚至调整用户行为，作为产生收入和市场控制的一种手段。而且以谷歌、脸书为代表的大型科技公司还借助监控资本主义，主导资本主义社会并重新构筑权力体系。See Shoshana Zuboff, "Big other: surveillance capitalism and the prospects of an information civilization", 30 *Journal of Information Technology*, 75—89 (2015).

③ 参见单文华、邓娜：《欧美跨境数据流动规制：冲突、协调与借鉴——基于欧盟法院"隐私盾"无效案的考察》，载《西安交通大学学报（社会科学版）》2021 年第 5 期。

《隐私盾框架》，但又一次被判无效，凸显出双方的分歧难以弥合。在2013年启动的《跨大西洋贸易投资伙伴关系协定》（TTIP）和《服务贸易协定》（TISA）的谈判中，美欧双方也曾就数据流动议题展开过激烈争论。TTIP谈判不涉及跨境数据流动和数据本地化，因为欧盟成员国内部存在分歧，欧盟没有就此提出提案。①几乎同一时期进行的TISA谈判虽然包括跨境数据流动条款，但是美欧对于条款内容争议极大。美国极力主张将跨境数据流动条款纳入核心文本，水平适用于所有部门，而不是仅适用于电子商务附件，如此一来，参加方要想做出保留，必须通过不符措施排除不予适用的部门。欧盟则明确反对不加限制的数据跨境自由流动，跨境数据流动条款不应影响参加方的数据保护要求，而且隐私在GATS中是一项一般例外。②虽然TTIP和TISA谈判已被搁置，也并没有新的贸易协定谈判取而代之，但跨境数据流动议题仍然是横亘在美欧之间的问题。

数字税是美欧数字博弈的另一大阵地。数字税问题是数字经济对传统国际税收秩序提出的重大挑战，国际税收秩序的变革既涉及法律规则的修订和完善，又关乎国际税收领域权力结构的调整。③美欧数字税之争的背后，不仅是美欧数字产业结构性矛盾导致的税收利益分配，还有

---

① See Inside U.S. Trade, “Cross-Border Data Provisions Not Included In Draft EU Digital Trade Chapter”, July 27, 2016.

② 参见GATS，第14(b)(ii)条。

③ 参见张泽平：《全球治理背景下国际税收秩序的挑战与变革》，载《中国法学》2017年第3期。

美欧对国际税收领域的权力争夺。全球金融危机之后，欧洲经济复苏缓慢，数字经济成为税源增收亮点。OECD 启动的数字税多边谈判进展缓慢，促使欧洲单方面开征数字服务税。欧洲谋划数字服务税，征税对象主要是美国科技巨头，因为美国企业已经占领了欧洲数字经济多数行业，使得美欧之间陷入紧张关系。2019 年 3 月，法国宣布数字服务税征收计划，对在法收入超过 2500 万欧元、全球收入超过 7.5 亿欧元的互联网公司征收 3% 的数字服务税。美国随即祭起加征关税等多项报复性措施，包括于 2020 年 6 月对 10 个国家已经执行或正在考虑的数字服务税发起 301 调查，并退出 OECD 数字税谈判。截至 2021 年 11 月，奥地利、法国、意大利、西班牙和英国等国已经实施了数字服务税，比利时、捷克等国已公布提案。①2021 年 10 月，OECD 应对经济数字化挑战的“双支柱”国际税收改革谈判形成重要协议，获得 136 个国家和地区的认可。② 随后美国和欧洲五国以 OECD“双支柱”方案为基础，就数字税争端达成阶段性和解，③ 但这仅仅是休战协议，双方的分歧不会

① See Elke Asen & Daniel Bunn, “What European OECD Countries Are Doing about Digital Services Taxes”, https://taxfoundation.org/digital-tax-europe-2020/, visited on 21 December 2021.

② See OECD/G20 Base Erosion and Profit Shifting Project, “Statement on a Two-Pillar Solution to Address the Tax Challenges Arising from the Digitalisation of the Economy”, 8 October 2021.

③ See US Department of Treasury, “Joint Statement from the United States, Austria, France, Italy, Spain, and the United Kingdom, Regarding a Compromise on a Transitional Approach to Existing Unilateral Measures During the Interim Period Before Pillar 1 is in Effect”, October 21, 2021, https://home.treasury.gov/news/press-releases/jy0419, visited on 22 December 2021.

因此消弭。

平台监管也是美欧直接碰撞的一大问题。欧盟连续推出《数字市场法案》和《数字服务法案》，直指美国科技企业，特别是谷歌、苹果、脸书、亚马逊和微软（被统称为 GAFRM）等被称为“守门人”（gatekeepers）的大型互联网平台（large online platforms），① 目的是打破互联网巨头的垄断，限制互联网巨头的不正当竞争行为。这两部法案公布后，美国业界不仅抨击限制定向广告投放、开放侧载应用功能等具体规定，还指责欧盟立法过于针对五大美国公司，将竞争干预的重点转向市场结构目标，使得竞争法正朝着有利于较小的欧洲竞争对手的结构性方法迈进，以抑制美国公司在欧洲的迅猛发展。② 事实上，美欧之间关于互联网平台监管的争议可以追溯至上个世纪，欧盟曾多次以垄断或其他违规行为为由，对美国科技巨头开出天价罚单。欧盟此次重塑数字市场规范，对美国科技巨头实施更加严苛的监管，进一步激化了美欧之间的矛盾。

### （二）拜登政府美欧关系调整与数字合作

拜登政府上台后，致力于重振美欧关系。美欧在七国集团（G7）

① DMA 建立了一套关于“守门人”的狭义标准，包括：（1）在欧洲经济区内年营业额达到 65 亿欧元，或平均市值达到 650 亿欧元，并至少在三个欧盟国家提供核心平台服务；（2）月活跃终端用户超过 4500 万，商家用于超过 1 万。参见 DMA，第 3 条。

② See Meredith Broadbent, “Implications of the Digital Markets Act for Transatlantic Cooperation”, https://www.csis.org/analysis/implications-digital-markets-act-transatlantic-cooperation, visited on 23 December 2021.

峰会、美欧峰会就经贸、外交、科技等领域达成一系列共识，并重启了美日欧贸易部长三方会议，继续推进联合应对中国崛起的议题。其中，数字合作是美欧合作的新核心。美欧意图借 G7 数字和科技部长会议、美欧贸易与技术委员会等新机制，为数字世界制定新规则。

G7 数字和科技轨道将自己定位为“世界领先的民主国家和技术强国联盟”①，以意识形态划线、针对中国的特色十分浓重。2021 年 4 月，G7 数字和科技部长签署联合声明，同意就数字、电信和 ICT 供应链、数字技术标准、数据流动、网络安全、数字竞争以及电子可转让记录六大议题开展合作。② 会议批准了《可信数据自由流动合作路线图》，将以《G20 领导人大阪宣言》及后续成果为基础具体推动数据流动，并确定了四个合作领域，包括数据本地化、监管合作、政府访问数据以及重点部门数据共享。③

美欧贸易和技术委员会（EU-U.S. Trade and Technology Council，TTC）的最终目标同样是确保数字技术和数字治理遵循西方的“民主价值观”。TTC 是美欧双方在 2021 年 6 月美欧峰会上成立的，是推动跨大西洋伙伴关系重回正轨的重要举措。TTC 的主要目标是促进美欧之间

---

① See Gov. UK, “G7 tech leaders agree bold new proposals to boost online safety worldwide”, https://www.gov.uk/government/news/g7-tech-leaders-agree-bold-new-proposals-to-boost-online-safety-worldwide, visited on 10 October 2021.

② See G7 Digital and Technology Ministers’ Declaration, 28 April 2021.

③ See G7 Digital and Technology Track-Annex 2 Roadmap for cooperation on data free flow with trust, 28 April 2021.

的贸易与投资、强化技术和产业的领导地位、保障和促进关键和新兴技术。TTC 将形成高级别、跨部门、全政府的工作机制，成立十个工作组，重点推进人工智能、物联网和其他新兴技术的技术标准合作、半导体等信息通讯技术和服务（ICTS）的供应链安全、数据治理、出口管制和投资审查合作，以及共同应对全球贸易挑战。尽管欧盟方面指出 TTC 不是反华同盟①，但不可否认其部分目的是就如何限制中国在关键和新兴技术领域的挑战达成一致。

毋庸置疑，就数字合作而言，美欧有明显的共同利益，也具备合作的基础。美欧数字合作以数字技术作为核心，围绕数字技术的标准、安全、供应链等方面的合作将是重点领域。值得关注的是，TTC 将设立工作组审查和加强关键供应链，建立美欧伙伴关系来实现全球半导体供应链的再平衡，以增强美欧各自的供应安全以及半导体的设计生产能力。②近年来，美国和欧洲各国高度重视供应链安全，强调提高关键技术供应链弹性，加强供应链审查已经逐步趋势化，并用作打压中国数字企业的手段③。可以说，美欧有着共同的政治动机来解决 ICTS 供应链安全这一

① See Inside U.S. Trade, “China check-in: Trade and Tech Council isn’t about China, but it looms”, https://insidetrade.com/trade/china-check-trade-and-tech-council-isn%E2%80%99t-about-china-it-looms, visited on 18 October 2021.

② See the White House, “U.S.-EU Summit Statement”, https://www.whitehouse.gov/briefing-room/statements-releases/2021/06/15/u-s-eu-summit-statement/, visited on 9 September 2021.

③ 美国第 13942 号有关 TikTok 的行政令、第 13943 号有关微信的行政令都将应对 ICTS 供应链的紧急状况作为理由。参见美国商务部网站 https://www.commerce.gov/issues/ict-supply-chain，访问日期 2022 年 6 月 14 日。

技术政策中最紧要的问题。当然，美欧之间长期以来未能填补固有的数字裂痕，导致数字合作存在相当的不确定性，特别是监管一致性等长期合作的前景并不明朗，但是美欧可能就技术标准、半导体供应链等紧迫问题达成一致，而且合作机制的创设也是数字合作的重要推动因素。

## 三、变化中的中欧数字关系：合作抑或对立?

2020 年 9 月 14 日，习近平同德国欧盟领导人共同举行会晤，将数字合作确定为下阶段中欧合作的重点领域，决定建立数字领域高层对话，打造中欧数字合作伙伴，推动制定全球数字领域标准和规则，促进全球数字经济治理良性发展。这为中欧数字合作提供了重要战略指引。此前，中欧数字领域高层对话于 2020 年 9 月 10 日在刘鹤同欧盟委员会执行副主席韦斯塔格的共同主持下启动。2020 年 12 月 30 日，中欧全面投资协定完成谈判，将为中欧在数字领域扩大相互投资提供新的机遇。然而，借口所谓“新疆人权问题”，欧盟对华政策明显转变，中欧合作形势急转直下，欧洲议会冻结了中欧投资协定的批准过程，数字领域高层对话和中欧数字伙伴关系也被搁置。

在中欧关系上，中国始终认为合作是大方向和主基调，将欧洲视为伙伴而非对手。① 不过，欧洲却有两种力量在较量，一种是维护中欧关系继续朝着合作共赢的大方向发展；另一种是企图把中欧关系引向对立

---

① 参见《王毅出席慕尼黑安全会议“中国专场”活动并发表演讲》，中国政府网，http://www.gov.cn/xinwen/2021-05/26/content_5612172.htm，访问日期 2021 年 9 月 18 日。

对抗甚至脱钩。同时，对于中欧之间竞争性大于互补性，还是互补性大于竞争性的问题，也有不同声音。2021 年 9 月，欧洲议会表决通过《新欧中战略报告》，称中国是欧盟的合作和谈判伙伴，同时在越来越多的领域也是欧盟的经济竞争者和制度性对手。① 欧盟对中国的这一战略定性并非首次提出，而是最早出现在 2019 年 3 月欧委会发布的《欧中战略前景》② 当中。新战略更加突出近来的事态发展以及中国带来的全球挑战，并强调双方竞争领域越来越多，凸显的是对中国快速增长的经济实力和政治影响力的深切忧虑。

中欧数字关系是中欧总体关系的缩影。欧盟《新欧中战略报告》提出的三分法，即将中国同时视为合作伙伴、经济竞争者和制度性对手，不仅适用于更广泛的中欧关系框架，也适用于中欧数字关系。数字领域是中欧各自的战略重点。客观地看，中欧作为数字领域的两大力量，数字连接、数字经济、隐私保护、网络安全等越来越成为双边关系中日益突出的政策问题。一方面，在人工智能、大数据、云计算、区块链等领域有着强化科技创新国际合作以及扩大互惠市场开放的巨大需求；③ 另

---

① See European Parliament, “A new EU-China strategy, European Parliament resolution of 16 September 2021 on a new EU-China strategy (2021/2037(INI))”, para.1(a).

② See European Commission, “European Commission and HR/VP contribution to the European Council, EU-China—A strategic outlook”, March 2019, p.1.

③ See DIGITALEUROPE, “DIGITALEUROPE Statement on the EU-China Comprehensive Agreement on Investment (CAI)”, https://www.digitaleurope.org/news/digitaleurope-statement-on-the-eu-china-comprehensive-agreement-on-investment-cai/, visited on 18 September 2021.

一方面，在5G等下一代技术、关键基础设施等方面有不同利益，在个人数据和隐私保护、标准和互操作性、知识产权等方面也有不同诉求。这就使得中欧数字对话面临重要机遇，同时也存在不少挑战。

中欧数字对话可以追溯到2009年的中欧高科技对话，重点领域是信息技术、电信和互联网使用。2013年《中欧合作2020战略规划》也将最初的合作重点放在互联网和信息化上，明确要加强中欧信息技术、电信和信息化对话机制，开展相关战略、政策、法规的交流与对话。2015年，作为中欧经贸高层对话的重要成果，中欧5G战略合作联合声明签署。在联合声明框架下，中欧共同推进5G国际标准制定、技术研发、试验等方面的合作，特别是物联网领域的5G应用。① 中欧还开展了其他有关数字技术研究创新和标准化的合作项目，涉及智慧城市和互联网治理等领域。更重要的是，中欧ICT企业之间的合作迅速扩大并日益密切。《中国对欧盟政策文件》和《欧亚互联互通战略》② 这两份中欧于2018年分别发布的战略文件中也都重申了中欧数字领域的相互支持、交流合作。

然而，欧盟对加强中欧数字对话的立场逐渐变得谨慎，特别是《欧

① 参见EU-CHINA Study on IoT and 5G，中欧物联网和5G研究项目网，https://www.euchina-iot5g.eu/about/project/index.html，访问日期2022年6月14日。

② See European Commission, "Connecting Europe and Asia-Building blocks for an EU Strategy", Joint Communication to the European Parliament, the Council, the European Economic and Social Committee, the Committee of the Regions and the European Investment Bank, JOIN (2018) 31 final, September 2018.

中战略前景》发布之后。其中，欧盟提出了保护产业竞争力和保障战略自主的若干行动，大部分都与数字领域有关。尽管此后有中欧数字领域高层对话、《中欧全面投资协定》完成谈判等重要转机，但再度出现变局。《新欧中战略报告》则明确强调“欧盟应通过解决欧中关系的其他方面，特别是数字和技术主权，来提高战略自主”，在此背景下，欧盟要在微芯片和半导体生产、云计算和电信技术等领域制定具有竞争力的主权产业战略，减少对中国的依赖。①欧盟立场转变是受到诸多错综复杂因素的影响，其中影响最为显著的是两个方面：

一是中国数字竞争力和影响力逐步增强，正在对欧洲数字领域的政治和经济各个方面带来挑战。欧盟一方面担心丧失对华技术优势，另一方面担心中国科技的安全威胁。特别是2020年以来，欧洲越来越警惕中国的数字技术。实际上，由于高科技竞争已经被高度政治化了，欧盟的担心更多地来自政治层面。欧洲围绕中国科技的政治担忧既有数据保护问题和贸易投资问题，也有人权困境和安全利益，背后的核心问题则是信任缺失。而且较之传统领域的中欧互信问题，中欧数字合作的信任危机更为突出。

二是中美关系日趋紧张，欧盟面临着成为中美数字对抗的战场的风险。欧盟对美国科技和互联网公司的依赖，远远超过对中国的数字依赖。美国对华发动的打击和制裁，也会给欧盟带来外部冲击。中国欧盟

① See European Parliament, “A new EU-China strategy”, European Parliament resolution of 16 September 2021 on a new EU-China strategy, 2021/2037(INI), September 2021, para.41.

商会的一份报告预测，许多欧盟公司将不得不借助双供应链体系来应对数字困境，即以美国为中心的部分和以中国为中心的部分，因此面临极大的不确定性和高昂的成本。① 而美国主动修复美欧关系，欧盟转而跟随美国，很可能会进一步抑制欧盟转向中国进行深化合作。

中欧数字关系出现波折，纵然是经贸问题政治化所致。但是，撇开地缘政治因素不谈，中欧推动数字领域合作取得实际成效，也会面临诸多挑战，不仅涉及贸易投资利益的分配，还有隐私和安全的考量；既有价值观的分歧，又有法律制度的不同，还会受到美国的影响，各种问题相互交织，错综复杂。

## 第二节　大变局下数字领域高水平对外开放的挑战

大变局下的中美欧数字博弈对中国获取数字技术、发展数字贸易、吸引数字外资、开展数字合作、制定数字贸易规则、参与全球数字治理等各个方面都带来了重大挑战，发展空间受到严重挤压，我国深入推进数字领域高水平对外开放将面临前所未有的恶劣环境。

### 一、数字贸易快速发展受到制约

近年来，全球数字贸易快速发展。新冠肺炎疫情更加凸显了数字贸易的重要作用，数字贸易占全球贸易的比重迅速上升，未来还将显著

---

① 参见《脱钩：全球化何去何从》，中国欧盟商会，https://europeanchamber.oss-cn-beijing.aliyuncs.com/upload/documents/documents/Decoupling_CN [869].pdf，访问日期 2021 年 9 月 10 日。

增长。数字贸易正在成为推动全球经济复苏、重塑全球经贸格局的重要力量。在这一大背景下，中国数字贸易也进入了高速增长、快速创新的“快车道”。特别是自 2019 年 11 月中共中央、国务院《关于推进贸易高质量发展的指导意见》首次将“加快数字贸易发展”写入国家层面的政策文件之后，中国数字贸易发展进入了新阶段，数字贸易规模快速扩大，电子商务优势明显，数字服务贸易比重上升，市场主体发展活跃，数字领域有序开放，国际市场持续拓展。

在电子商务领域，中国的优势比较明显。据联合国贸发会议统计，2020 年中国网上零售额达 14143 亿美元，位居世界第一，远超美国的 7917 亿美元。在商品交易总额（Gross Merchandize Value，GMV）排名前十的企业对消费者（B2C）电子商务公司中，中国有四家，分别是阿里巴巴、京东、拼多多和美团，美国也有四家，分别是亚马逊、易贝、沃尔玛和优步。① 中国跨境 B2C 电商出口额也居全球首位，2019 年销售额为 1050 亿美元，② 成为拉动外贸增长的新支点。在主导电子商务的企业对企业（B2B）销售 ③ 中，2019 年中国销售额为 26040 亿美

① See UNCTAD, “Estimates of Global E-Commerce 2019 and Preliminary Assessment of COVID-19 Impact on Online Retail 2020”, UNCTAD Technical Notes on ICT for Development No.18, May 2021, pp.1—2.

② 同上，第 6 页。

③ 2019 年全球 B2B 电子商务的价值为 21.8 万亿美元，占所有电子商务的 82%，包括在线市场平台的销售额和电子数据交换（EDI）交易。See UNCTAD, “Estimates of Global E-Commerce 2019 and Preliminary Assessment of COVID-19 Impact on Online Retail 2020”, UNCTAD Technical Notes on ICT for Development No.18, May 2021, p.4.

元，位居世界第三，排在美国和日本之后，美国继续主导整个电子商务市场。①

在数字服务贸易领域，中国贸易规模快速扩大，占服务贸易比重也在稳步提升。中国拥有海量的数据和丰富的应用场景优势，5G、物联网、云计算、大数据、人工智能等新一代数字技术加快应用，为金融、保险、运输、旅游、文化、教育、医疗、研发设计等服务贸易提供更多的数字化解决方案，也将有效加快相关领域的数字化进程。特别是疫情暴发以来，数字技术广泛应用，越来越多的服务贸易由线下转到线上，服务贸易数字化进程进一步加快。《中国数字贸易发展报告 2020》显示，按照联合国贸发会议的统计口径测算，2020 年中国可数字化交付的服务贸易额为 2947.6 亿美元，同比增长 8.4%，占服务贸易总额的比重达 44.5%，成为服务贸易新的增长点。而且中国数字服务贸易有着广阔的增长空间，预计到 2025 年，中国可数字化的服务贸易进出口额将超过 4000 亿美元，占服务贸易总额的比重达 50% 左右。②

但是，中国是数字贸易大国，并非数字贸易强国，与世界先进水

① 2019 年全球 B2B 电子商务的价值为 21.8 万亿美元，占所有电子商务的 82%，包括在线市场平台的销售额和电子数据交换（EDI）交易。See UNCTAD, “Estimates of Global E-Commerce 2019 and Preliminary Assessment of COVID-19 Impact on Online Retail 2020”, UNCTAD Technical Notes on ICT for Development No.18, May 2021, p.4.

② 参见《〈中国数字贸易发展报告 2020〉发布：中国数字贸易规模将持续扩大》，中国服务贸易指南网，http://tradeinservices.mofcom.gov.cn/article/szmy/gnqwfb/202109/119433.html，访问日期 2022 年 5 月 27 日。

平尚有一定差距，在驱动数字贸易发展的数字数据、数字平台、数字技术三个方面均是如此。第一，从总体规模来看，联合国贸发会议的数据显示，2020 年全球可数字化的服务贸易占比已达 61%，中国的占比为 44.5%，说明中国与全球平均水平还有差距，也说明中国数字服务贸易有相当大的提升空间。第二，从数据利用来看，中国在数据收集和数据访问方面处于领先地位，据 IDC 预测，全球数据圈将从 2018 年的 33ZB（1ZB 相当于 1 万亿 GB）增至 2025 年的 175ZB，中国的数据量预计将平均增长 30%，到 2025 年将成为数据量最大的区域。① 但是，中国的数据价值尚未被充分利用，数据价值链没有形成，数据货币化能力不强。第三，从数字平台来看，中国数字平台虽然规模较大，按市值计算的全球前十大企业中，中国占据两席，分别是腾讯和阿里巴巴。② 但即使是这些国内头部企业，其市场主要在国内，海外布局仍相当有限，尚未成为有全球影响力的平台。第四，从数字技术看，中国正在大力推动人工智能、物联网、大数据、云计算、区块链等新兴技术发展，在人工智能、5G、量子计算技术等领域处于世界领先地位。③ 但是，关键核心技术研发创新能力不足，制约着中国数字贸易加速发展以及国际竞争力的提升。

---

① See David Reinsel, John Gantz & John Rydning, “Digital Age 2025: The Digitization of the World from Edge to Core”, IDC White Paper, November 2018, pp.7—8.

② See PWC, “Global Top 100 Companies by Market Capitalization”, May 2021, p.22.

③ See Graham Allison, Kevin Klyman & Karina Barbesino et al, “The Great Tech Rivalry: China vs the U.S.”, *Harvard Kennedy School’s Belfer Center for Science and International Affairs Paper*, December 2021, p.2.

中美欧数字博弈愈演愈烈，将在很大程度上制约中国从数字贸易大国迈向数字贸易强国，特别是数字技术和数字平台两个方面。美国利用其显著优势，将确保数字经济通用技术对华持续领先作为压制中国数字影响力的战略重点。2022 年 2 月，美国发布关键和新兴技术清单更新版，确定了 19 项美国应掌握技术领导力的关键新兴技术，其中有 9 项与数字经济直接相关，包括先进计算、人工智能、自动系统和机器人、通信和网络技术、金融科技、人机交互、联网传感器和传感、量子信息科学、半导体和微电子技术。① 美国将在这些技术领域极力压制中国的技术上升空间和科技公司的美国业务，从而影响数字贸易提质升级。在遏制中国数字技术发展的同时，美国还特别重视对数字经济生态核心的控制力，其战略要点是遏制中国的数字平台，重点是电子商务、社交网络等中国逐步形成优势的领域。2020 年，美国的中国战略组智库发布报告《不对称竞争：应对中国与科技的战略》，从平台的战略意义（如国家安全和主权威胁等）和平台的经济价值（如用户人数等）两个维度出发，将平台企业进行分类，建议对美国有不同程度影响的中国平台企业分别施策。② 在特朗普政府打压 Tiktok 的风波后，希音（SHEIN）等

① See National Science and Technology Council, "Critical and Emerging Technologies List Update", https://www.whitehouse.gov/wp-content/uploads/2022/02/02-2022-Critical-and-Emerging-Technologies-List-Update.pdf, visited on 15 February 2023.

② See China Strategy Group, "Asymmetric Competition: A Strategy for China & Technology", https://ia802209.us.archive.org/0/items/final-memo-china-strategy-group-axios-1/final-memo-china-strategy-group-axios-1.pdf, visited on 17 February 2023.

跨境电商又因为抢占美国市场面临打压，美国压制中国平台企业的思路正朝着更具系统性、策略性的方向发展。美国极力扩大其技术优势和平台优势，加之欧盟市场未能提供更多机会，中国数字贸易创新发展将受到很大制约。

## 二、数字贸易规则谈判受到掣肘

随着中国数字经济和贸易逐步发展壮大，制定符合自身利益的数字贸易规则的需求也日益凸显。我国签署的 RCEP 已经纳入了范围全面、水平较高的电子商务规则，但与 CPTPP、DEPA 等更高标准规则相比仍有差距。对此，我国不断提升自贸协定数字贸易规则[①]的水平，主动申请加入 CPTPP 和 DEPA，积极参加 WTO 电子商务联合声明谈判。但是，愈演愈烈的中美欧数字博弈给中国参与、影响乃至引领数字贸易规则带来了重大挑战。

第一，中国参与 WTO 电子商务谈判面临巨大压力。2019 年启动的 WTO 电子商务联合声明谈判是数字贸易领域最为重要的国际谈判。因为谈判参加方占世界贸易总额的 90% 以上，相比区域贸易协定，更加契合数字贸易天然的全球属性，而且推动谈判达成协议有利于增强 WTO 在全球经济治理中的相关性。中国已经明确谈判重点是跨境货物贸易以及相关的支付和物流服务，数据流动、数据储存、数字产品待遇等问题在提交 WTO 谈判前尚需更多的探索性讨论。这与美国以跨境数

---

① 在 WTO 电子商务谈判及其他国际经贸谈判中，基本上电子商务规则和数字贸易规则是混用的，因此本书也不作区分。

据自由流动和禁止数据本地化为核心的诉求之间存在很大分歧，也不同于欧盟严格保护隐私和个人数据的立场。

第二，影响中国区域贸易协定电子商务规则谈判。中国已经正式申请加入 CPTPP 和 DEPA。美国虽然不是上述两个协定的成员方，但由于美国与日本、新加坡等主要成员的伙伴关系，仍然可以在中国加入的谈判中施加压力。特别是中国数据监管趋严的背景下，加入 CPTPP 和 DEPA 的谈判在数据相关条款上将会面临成员方的巨大挑战。同时，中国正在开展中日韩自由贸易协定（以下简称“自贸协定”）、中国—挪威自贸协定、中国—韩国自贸协定第二阶段、中国—秘鲁自贸协定升级等区域贸易协定谈判，并且正在研究中国—加拿大自贸协定等的可行性，电子商务都是谈判的重要议题。日本、秘鲁和加拿大是 CPTPP 成员方，很有可能以 CTTPP 电子商务章节作为谈判文本，要求中国做出相应承诺。如果中国未来谈判不能与对方成员和区域达成一致，就难以很好地融入数字时代区域一体化的进程，甚至在新一轮国际经贸规则重构中面临被边缘化的风险。

第三，中国参与多边机制数字议题合作面临挑战。自 2016 年 G20 杭州峰会以来，中国多边机制数字议题的参与度明显提升。中国积极参与 G20、APEC、OECD 等国家组织的有关电子商务、数据利用、人工智能、数字税、数字基础设施等一系列议题的讨论。除了传统国际组织的数字议题以外，对于特定领域的专业性国际组织的讨论，特别是有关人工智能、数字货币、5G 等重点领域的议题，中国也越来越重视并逐步扩大参与面，如参与国际标准化组织（ISO）和国际电工委员会（IEC）的标准制定。但是，中国的国际规则制定权和主导权不够，加之美西方国家的打压，导致中国在国际组织数字议题的议程设置能力不强。G20、APEC 等国际组织数字议题讨论由美国、日本、新加坡等国家主导，特别是在隐私保护、数据流动、人工智能、数字税等焦点议题上，中国基本处于被动防守状态。

## 三、数字经济国际合作面临挑战

2021 年 12 月，国务院印发《“十四五”数字经济发展规划》，对推动数字经济发展做出重大决策部署，提出中国应有效拓展数字经济国际合作，推动“数字丝绸之路”深入发展，包括“围绕多双边经贸合作协定，构建贸易投资开放新格局，拓展与东盟、欧盟的数字经济合作伙伴关系”。

自 2017 年 5 月习近平主席在“一带一路”国际合作高峰论坛开幕式上提出要“坚持创新驱动发展，加强在数字经济、人工智能、纳米技术、量子计算机等前沿领域合作，推动大数据、云计算、智慧城市建设，连接成 21 世纪的‘数字丝绸之路’”① 以来，“数字丝绸之路”正在成为推动新型全球化的数字桥梁。② 基于中国在电子商务、数字技术、

① 参见《习近平在“一带一路”国际合作高峰论坛开幕式上的演讲》，新华网，http://www.xinhuanet.com//politics/2017-05/14/c_1120969677.htm，访问日期 2022 年 5 月 29 日。

② 参见中国国际经济交流中心“一带一路”课题组：《“数字丝绸之路”重在规则建设》，载《经济日报》2021 年 8 月 19 日第 10 版。

数字基础设施等方面的优势，我国正在通过积极推动“丝路电商”合作备忘录①、与以色列、巴勒斯坦和斯里兰卡等“一带一路”沿线国家商谈自贸协定等方式②，加快形成“数字丝绸之路”合作框架。

但是，“数字丝绸之路”已经成为全球数字经济和技术竞争和一部分，其推进受到了美西方国家的挑战。美西方国家将“数字丝绸之路”视为中国的对外扩展计划之一，由此加剧地缘政治紧张局势。有的认为，中国试图通过“数字丝绸之路”制定全球技术标准，加强中国在人工智能、区块链和数字货币等新兴技术领域的优势。也有的认为，“数字丝绸之路”的一项关键战略是帮助阿里巴巴、腾讯和百度等中国科技平台，以及华为、中国移动和中国电信等电信和基础设施供应商，与发达国家的企业在新兴经济体进行项目竞争，必须加以遏制。而监管模式和法律制度的差异，则引发了美西方国家对公平和数据安全等问题的质疑。如此一来，中国推进“数字丝绸之路”国际合作的进程会受到阻碍。

## 第三节　推进数字领域高水平对外开放的重要意义

近年来，我国城市数字化转型不断提速，数字经济和贸易蓬勃发展，为推进数字领域高水平对外开放奠定了基础。我国已经正式申请加入 CPTPP 和 DEPA。在中美欧数字领域博弈愈演愈烈的大背景下，我

① 参见《“丝路电商”——电子商务国际合作》，商务部网站，https://dzswgf.mofcom.gov.cn/slds.html，访问日期 2023 年 2 月 17 日。

② 有关中国正在谈判的自贸区的信息，参见中国自由贸易区服务网，http://fta.mofcom.gov.cn/，访问日期 2022 年 6 月 14 日。

国主动对标国际高标准数字贸易规则，对以开放促改革、促发展，不断做大做强数字经济，制定和完善数字领域对外开放政策以及参与国际经贸协定谈判，具有特殊重要的意义。

## 一、发挥超大规模市场优势，夯实对外开放基础

党的二十大报告提出，要依托我国超大规模市场优势，以国内大循环吸引全球资源要素，增强国内国际两个市场两种资源联动效应。我国顺应数字全球化的新趋势，主动对标CPTPP和DEPA等高标准数字贸易规则，有助于增强国内国际两个数字市场、两种数字资源的配置能力，形成数字领域对内对外开放相互促进、“引进来”和“走出去”更好结合的新局面。

数字经济具有显著的规模效应，市场规模越大，用户数量越多，数据资源越丰富，数字经济发展就越快。超大规模的市场是我国数字经济得以快速发展的重要因素之一。与国际市场相对割裂，也为我国数字企业迅速成长赢得了时间和空间。但是，国内国外两个市场相对割裂的局面不利于改变我国数字经济大而不强、快而不优的状况。下一步，我国应主动推进数字领域高水平对外开放，协同推动强大国内市场和国际贸易中心建设，提升贸易投资自由化便利化，以国内大循环吸引全球数据、技术等资源要素，有利于数字市场相互畅通、数字创新相同促进，形成良性循环。

## 二、稳步扩大制度型开放，迈上对外开放新台阶

党的二十大报告强调，要稳步扩大规则、规制、管理、标准等制度

型开放。制度型开放是高水平对外开放的重要标志。推动由商品和要素流动型开放向规则、规制、管理、标准等制度型开放转变，是大变局下适应新形势新任务的需要。当前，我国数字领域仍然存在较多限制，包括跨境数据流动的跨部门限制，在线支付、增值电信等具体行业限制以及电子合同、支付安全等的技术标准限制，高水平对外开放亟须深入推进。

我国通过对标国际高标准数字贸易规则，推进数字领域高水平对外开放，包括进一步减少数字领域限制措施，扩大数字相关服务部门对外开放，放宽数字领域外资市场准入，积极拓展数字经济国际合作；进一步加大自贸试验区、自由贸易港的压力测试力度，在安全可控前提下，分层次、分领域探索推进数据跨境流动、数据创新等高标准数字贸易规则试点，进而提升贸易投资合作质量和水平，改善数字营商环境，扩大数字经济规则、数字经济规制、数字经济管理、数字经济标准等制度型开放。

## 三、提升自由贸易区网络，提高对外开放含金量

党的二十大报告提出要加快建设海南自由贸易港，实施自由贸易试验区提升战略，扩大面向全球的高标准自由贸易区网络。当前，数字经济和贸易正在成为新一轮经济全球化的重要驱动力量，数字贸易规则已经成为自由贸易协定的核心内容。我国已经签署 RCEP 等 19 部自贸协定，与 CPTPP 等高标准协定相比，仍有比较明显的差距。国家要提升自由贸易区网络水平，必须以数字领域高水平对外开放为支撑。

数字经济和贸易也已成为当今时代新一轮全球城市竞争的焦点。上海、海南等地主动对标国际高标准数字贸易规则，支持上海自贸试验区、海南自贸港等重要承载区积极探索，不仅是抓住先机、抢占未来发展制高点的有力抓手，也是实施自贸试验区提升战略、加快构建数字贸易先行先试示范区的重要路径，还能够为国家对外谈判提供支撑、寻找路径，特别是为我国加入 DEPA 和 CPTPP 谈判积累经验、探索道路。

**四、深度融入全球数字市场，形成国际竞争新优势**

党的二十大报告指出，要深度参与全球产业分工和合作，维护多元稳定的国际经济格局和经贸关系。数字企业竞争力是数字时代国家竞争优势的重要来源。我国数字企业快速壮大，但市场主要在国内，海外布局仍相当有限，具有全球影响力的数字平台不多。另一方面，虽然我国的数字外资流入呈上升趋势，但与对新加坡、澳大利亚、日本的投资额差距仍然较大。

我国对标国际高标准数字贸易规则，拓展数字经济国际合作，将为数字企业拓展国际市场、参与国际竞争带来重要机遇。一是数字企业“引进来”，大力引进数字跨国公司在沪设立地区总部、研发中心、交付中心和重要平台，积极引进优质外资企业和创业团队，加强国际数字创新资源“引进来”。二是数字企业“走出去”，大力推动本土数字企业开拓海外市场，以新加坡等 DEPA 成员为桥头堡走向国际，培育一批国际化、有潜力的数字贸易品牌。

# 第二章

## 国际高标准数字贸易规则

当前，全球数字经济迅猛发展，推动着数字贸易规则不断发展。美国、欧盟、新加坡等主要经济体主导的不同模式的数字贸易规则快速形成，并且不断推高数字贸易规则的标准。把握国际高标准数字贸易规则的核心内容，将为推进中国数字领域高水平对外开放提供应当遵循的基本准则。

### 第一节 美式高标准数字贸易规则

凭借其在数字贸易市场的绝对优势地位，美式数字贸易规则引领全球。自 2001 年起，美国签署的所有自贸协定都包含电子商务或数字贸易专章。2015 年以来，美国更是不断加大数字贸易规则的推进力度，新一代数字贸易规则正在迅速形成。2015 年 10 月，美国等 12 个成员达成《跨太平洋伙伴关系协定》(TPP)，TPP 被称为一部反映现代经济特征的新型协定，①也是一部具有里程碑意义的 21 世纪贸易协定，为全

① See USTR, "Summary of the Trans-Pacific Partnership Agreement", https://ustr.gov/about-us/policy-offices/press-office/press-releases/2015/october/summary-trans-pacific-partnership, visited on 27 June 2020.

球贸易设定了新的标准[①]。2017 年 1 月，美国宣布退出 TPP。2018 年 3 月，除美国以外，TPP 的 11 个原成员国签署 CPTPP，并于 2018 年 12 月正式生效，电子商务章完全继承了 TPP 电子商务章的内容。2018 年 11 月，《美墨加协定》（USMCA）签署，电子商务章被改为数字贸易章，对规则作了一系列升级。2019 年 11 月，《美日数字贸易协定》签署，并于 2020 年 1 月正式生效，在 USMCA 的基础上再次提升了规则水平。

TPP 电子商务章作为全球范围内最早生效的新一代数字贸易规则，首次确立了个人信息保护、跨境数据自由流动、禁止数据本地化、保护源代码等高标准规则，同时包含此前美式规则已经确立的电子传输免关税永久化、数字产品非歧视待遇、在线消费者保护、互联网访问与使用原则等规则。这些高标准规则的核心是自由、开放的数字产品和服务贸易，代表着当时保护和促进数字贸易的最高水平。鉴于 TPP 已被改组为 CPTPP，本章将以 CPTPP 电子商务规则为主要范本，研究美式高标准数字贸易规则的核心内容。

## 一、促进跨境数据自由流动

跨境数据自由流动是美式数字贸易规则的核心，旨在通过促进数据的跨境流动实现巨大的商业价值。需要指出的是，跨境数据流动规则有时是指狭义的规则，即贸易协定中的“通过电子方式跨境传输信息”条

① See USTR, “Outlines of the Trans-Pacific Partnership Agreement”, https://ustr.gov/about-us/policy-offices/press-office/fact-sheets/2011/november/outlines-trans-pacific-partnership-agreement, visited on 27 June 2020.

款；有时指的是广义的规则，既包括前述条款，也包括“计算设施位置”条款，即数据本地化条款。之所以如此，是因为跨境数据流动和数据本地化密切相关，限制跨境数据流动会导致企业不得不寻求数据本地化，反过来，要求数据本地化也会相应限制跨境数据流动。

### （一）跨境数据自由流动

CPTPP 第 14.11 条“通过电子方式跨境传输信息”规定，缔约方应当允许涵盖的人为开展其业务而通过电子方式跨境传输信息，包括个人信息。CPTPP 首次对跨境数据流动做出了有约束力的承诺，对服务提供者和投资者等为其业务活动进行的跨境数据自由流动提供了法律保障。CPTPP 跨境数据流动规则水平适用于所有部门，如果缔约方要想做出保留，必须通过负面清单排除不予适用的部门。值得注意的是，CPTPP 将适用范围限定于“涵盖的人”的业务活动。根据第 14.1 条的定义，涵盖的人包括涵盖的投资、缔约方的投资者和服务提供者，也就是说，第 14.11 条的义务仅适用于投资者和服务提供者等，不适用于普通的互联网用户；而且仅适用于投资者和服务提供者等开展的业务活动，即信息提供者的商业行为，不适用于信息的非金钱交易。可见，CPTPP 跨境数据流动规则并非适用于所有的跨境数据流动。

另外，CPTPP 跨境数据流动规则也不适用于金融数据的跨境流动。CPTPP 将金融服务排除在电子商务章的适用范围之外①，明确 CPTPP 消除数据流动限制以及数据本地化要求的有关规定不适用于金融服务②，

---

① 参见 CPTPP，第 14.2(2) 条。

② 参见 CPTPP，第 14.2(3) 条。

意味着 CPTPP 并不强制要求金融服务公司数据的跨境流动，也不禁止缔约方施加金融服务公司数据来自本地服务器的条件。如此一来，CPTPP 缔约方之间金融数据的跨境流动仍然面临很大障碍。CPTPP 对于金融数据跨境流动的处理方式，遭到美国金融业[①]和部分国会成员[②]的反对。到了 USMCA，跨境数据流动规则的适用范围扩大到金融服务。根据 USMCA 金融服务章第 17.17 条“信息传输”条款，缔约方不得阻止涵盖的人为了开展许可、授权或登记范围的业务以电子或其他方式跨境传输信息，包括个人信息。当然，缔约方有权采取或维持保护个人数据、个人隐私、个人记录或账户机密性的措施，前提是上述措施不得规避上述规定。

当然，CPTPP 跨境数据流动规则明确规定了例外条款，为缔约方行使监管权保留了一定的政策空间。第 14.11 条第 3 款规定，缔约方保留为实现合法公共政策目标而采取或维持有关跨境数据流动措施的权利，但是措施的适用方式不得构成任意或不合理歧视或对贸易的变相限制，也不得对信息传输施加超出实现目标所需要的限制。此外，CPTPP 跨境数据流动规则同样可以适用其他章节的例外条款，包括第

---

① See Inside U.S. Trade, “Financial Services Firms Fight TPP Data Flow Rules, Backed By House GOP”, November 19, 2015.

② See Services Coalition, “63 House Representatives in the U.S. Congress Express their Concern of the Exclusion of Financial Services from the Electronic Commerce Chapter in the TPP” , https://www.servicescoalition.org/images/CSI_Public_Documents/House_Data_Localization_Letter_to_USTR_Treasury_N.compressed1.pdf, January 11, 2016.

29 章“例外和总则”规定的安全例外，缔约方有权采取其认为对履行维护或恢复国际和平或安全义务或保护其自身根本安全利益所必需的措施。[①]CPTPP 跨境数据流动规则的例外将对维持数字贸易自由化和缔约方特定国内公共政策目标之间的平衡起到重要作用。

### （二）禁止数据本地化

CPTPP 第 14.13 条“计算设施的位置”明确规定，缔约方不得以在其领土内使用或放置计算设施作为在其领土内开展业务的条件。这意味着缔约方既不能要求企业在当地建立数据中心来存储数据，也不能要求其使用本地计算设施来处理数据，即缔约方承诺不施加任何形式的计算设施本地化要求，从而大大降低了企业投资资本密集型数字基础设施的成本。

在金融数据本地化方面，CPTPP 没有作出相关规定。USMCA 则将禁止数据本地化要求扩大适用于金融数据，第 17.18 条“计算设施的位置”规定，只要金融监管当局能立即、直接、完整和持续地访问其领土外的计算设施上存储或处理的信息，政府就不得限制金融公司计算设施的位置。

与跨境数据流动条款例外规定类似，CPTPP 计算设施位置条款也有类似表述，规定不得阻止缔约方为实现合法公共政策目标而采取或维持不符措施。但是，到了 USMCA，计算设施位置条款中的合法公共政

① 参见 CPTPP，第 29.2 条。

策目标例外被删除了[①]，意味着依据该条款，在任何情况下政府都不得将在其领土内使用或放置计算设施作为市场准入的条件。

### （三）支持开放互联网

CPTPP 第 14.10 条“电子商务网络的接入和使用原则”确立了旨在让消费者拥有一系列能力的网络管理的原则，指出缔约方认识到，消费者拥有在遵守合理网络管理的前提下由其选择接入和使用在互联网上可获取的服务和应用，在其选择的终端用户设备不损害网络的条件下将该设备接入互联网，以及获得互联网接入服务提供方网络管理行为的信息的能力可从中获益。USMCA 第 19.10 条对数字贸易网络的接入和使用作了类似规定。虽然上述条款没有强制执行力，仅停留在强化共识阶段，但仍然会对互联网管理制度带来影响，特别是会挑战网络拦截、过滤等措施的合法性。

此外，开放政府数据也与广义的数据流动有关。由于政府掌握了大量数据，推动公共数据开放将产生巨大的商业价值。USMCA 首次将开放政府数据写入贸易协定。第 19.18 条“开放政府数据”规定，如果政府选择向公众提供政府信息，包括数据，应努力确保采用机器可读和开放的格式，并且可以被搜索、检索、使用、重复使用和重新分发。当然，“应努力确保”的措辞表明该条款不具有强制约束力，政府只需承担软性义务。即便如此，政府往往也会遵从开放政府数据条款的指引，

① 参见 USMCA，第 19.12 条。

并可能因违反义务面临来自其他缔约方的政治外交压力。

## 二、保护源代码等专有信息

美式高标准数字贸易规则强调对数字技术的保护，因为这是美国互联网企业的核心竞争力之所在。有关数字技术的贸易规则重点保护源代码、算法、密码技术等专有信息，限制其他缔约方政府强制要求企业转让、披露专有信息的权力。由于保护源代码的规定将会影响政府对产品安全、网络安全、金融等领域进行有效监管，因此引发了广泛争论。

### （一）保护源代码

CPTPP 第 14.17 条“源代码”规定，任何缔约方不得以转移或获得另一缔约方的人拥有的软件源代码或该源代码表达的算法，作为在其领土内进口、分销、销售或使用该软件或含有该软件的产品的条件。但是，该条规定的软件限于大众市场软件或含有该软件的产品，不适用于关键基础设施使用的软件。[①] 当然，保护源代码规则也有例外：一是不妨碍在商业谈判的合同中包含或实施的关于源代码的条款和条件（即商业合同例外），或者缔约方要求修改软件源代码，使该软件符合与 CPTPP 一致的法律或法规（即法定修改例外）；[②] 二是不适用于申请或授予专利的相关要求，包括司法机关作出的任何关于专利争端的命令，但应遵守缔约方保护未经授权披露的法律或实践（即专利相关例外）。[③]

---

① 参见 CPTPP，第 14.17(1)—(2) 条。

② 参见 CPTPP，第 14.17(3) 条。

③ 参见 CPTPP，第 14.17(4) 条。

如此一来，CPTPP 源代码条款既可确保政府不强制要求获取或与当地企业共享源代码等专有信息，也考虑到了政府的监管需要以及实践中的商业做法。

USMCA 源代码条款进一步将算法纳入使用范围当中，而且并未明确提及限于“大众市场软件或含有该软件的产品”，也没有排除“关键基础设施使用的软件”，潜在地扩大了对源代码和算法的保护。①USMCA 扩大对源代码和算法的保护，完全是为了维护美国互联网巨头的竞争优势而量身定做的。另一方面，USMCA 源代码条款还规定了强制披露的情形，以确保主管部门实现合法监管目标的能力，具体为：不得妨碍缔约方的监管机构或司法机关针对具体调查、检验、检查执法行动或司法程序，要求另一缔约方的人保存和向监管机关提供软件的源代码或该源代码表达的算法，但需采取措施以防止未经授权的披露，且此类披露不应解释为对软件源代码作为商业秘密的状态产生负面影响（即司法执法例外）。②

### （二）加密信息通讯技术（ICT）产品

“使用密码技术的 ICT 产品”条款是《美日数字贸易协定》新增的规定，旨在确保企业自主使用密码技术的权利。第 21 条规定，不得以转让、访问有关密码技术的专有信息作为 ICT 产品的市场准入条件，包括披露私钥或其他秘密参数、算法规范等特定技术或生产过程，不得要

① 参见 USMCA，第 19.16(1) 条。

② 参见 USMCA，第 19.16(2) 条。

求制造商或提供商与当地企业合伙、合作开发、制造、销售、进口、使用 ICT 产品，也不得要求其使用、集成特定的密码算法或密码。这一规定直指政府通过解密 ICT 产品获得用户信息的做法，直接反映了美国科技巨头的诉求，用以对抗外国政府对美国企业提出的解密或开设“后门”的要求。

## 三、确保数字产品公平待遇

数字产品公平待遇是美式数字贸易规则的标准条款之一，除了最早签署的《美国—约旦自贸协定》以外，其他包含电子商务条款的美式自贸协定都规定了数字产品公平待遇。数字产品公平待遇主要包括两项内容：

### （一）电子传输免关税

电子传输免关税永久化是美国的核心主张之一。美国最初提出电子传输免关税的主张是在 WTO，但 WTO 仅仅达成了暂时免征关税的政治宣言。①后来，美国在其缔结的自贸协定中逐步将电子传输免关税待遇永久化固化下来。CPTPP 第 14.3 条“关税”禁止对以电子方式传输的数字产品的进出口征收关税或其他费用，但是不阻止对其征收国内税、费用和其他收费。“电子传输”或“以电子方式传输”是指使用任何电磁方式进行的传输②，包括传输的内容本身③。与 WTO 每两年一次

① See WTO, “Declaration on Global Electronic Commerce”, WT/MIN (98) /DEC/2, 25 May 1998, p.1.

② 参见 CPTPP，第 14.1 条。

③ 参见 CPTPP，第 4.3(1) 条。

对电子传输免关税宣言进行延期的做法相比，CPTPP 电子传输免关税永久化除了造成潜在的关税收入损失，还将大大限制缔约方的监管空间，因此给发展中国家带来很大挑战。特别是随着数字技术的快速发展，可数字化的实物产品越来越多，电子传输免关税永久化可能产生更加深远的影响。

值得注意的是，《美日数字贸易协定》增加了数字产品跨境交易国内税的相关规定。WTO 电子传输免关税宣言以及此前的自贸协定往往要求不征收关税，但是不限制国内税的征收。《美日数字贸易协定》第 6 条“税收”条款专门规定数字产品非歧视待遇原则上适用于所有税收措施，包括国内税。也就是说，缔约方对数字产品跨境交易既不得征收关税，也不得征收国内税。这一规定与新西兰、澳大利亚等对数字产品征收国内税[①]的做法针锋相对，也是要对抗欧盟对大型互联网企业开征数字服务税（DST）的做法。

### （二）数字产品非歧视待遇

数字产品非歧视待遇是体现美式数字贸易规则的高标准的典型代表，旨在确保产品在数字化及电子传输的过程中受到同等对待。CPTPP 第 14.4 条“数字产品的非歧视待遇”要求，缔约方给予另一缔约方的数字产品的待遇，不得低于其给予其他同类数字产品的待遇。其中，

① See New Zealand, Taxation (Residential Land Withholding Tax, GST on Online Services, and Student Loans) Act 2016, Public Act 2016 No 21, Date of assent: 13 May 2016; Australia, A New Tax System (Goods and Services Tax) Act 1999, Compilation No. 74, Compilation date: 1 July 2017.

“数字产品”是“数字编码或制作的、用于商业销售或分销且可以电子方式传输的计算机程序、文本、视频、图像、录音或其他产品”。① 尽管美式规则规定了数字产品非歧视待遇条款，但是对于条款的理解和适用仍然存在很大争论，主要包括两个方面：一是数字产品的分类问题，特别是云计算、社交媒体、搜索引擎等新兴服务属于计算机服务还是电信服务？在 WTO 框架下，计算机及相关服务的开放程度大于电信服务，如果把云计算定性为计算机及相关服务，则许多成员的云计算市场将门户大开。二是何为“同类数字产品”？对于数字产品，类似与否的关键是技术发展带来的新问题，即电子传输的产品和实物产品是否为同类产品？由于可数字化产品越来越普遍，如果将两者认定为同类产品，可能会以意想不到的方式打开市场。因此，数字产品非歧视待遇条款会对缔约方数字市场开放和监管带来巨大挑战，尤其是数字内容监管、云计算市场开放等。

## 四、增强数字贸易信任环境

线上消费者保护和个人信息保护等条款是美式数字贸易规则的重要内容。这些规则直接关系到数字贸易信任环境的建立，进而影响数字贸易向纵深发展，因此是必不可少的。

### （一）线上消费者保护

保护线上消费者是增强数字贸易信任的关键一环。CPTPP 第 14.7

① 参见 United States-Japan Digital Trade Agreement，第 1(g) 条。

条“线上消费者保护”明确采取措施保护线上消费者免受诈骗和商业欺诈行为侵害的重要性；要求缔约方采取或维持消费者保护法，禁止对从事在线商业活动的消费者造成伤害或潜在伤害的诈骗和商业欺诈行为；确认消费者保护机构或其他相关机构开展的消费者保护合作包括与线上商业活动相关的合作。

### （二）个人信息保护

保护个人信息对增强消费者对电子商务的信心将起到至关重要的作用。第 14.8 条“个人信息保护”要求：（1）缔约方应采取或维持保护电子商务用户个人信息的法律框架；（2）缔约方应在保护电子商务用户免于受到其管辖范围内发生的，违反个人信息保护行为的侵害时，努力采取非歧视做法；（3）公布其对数字贸易用户提供个人信息保护的相关信息，包括个人如何寻求救济以及企业如何符合法律要求。此外，在构建个人信息保护法律框架时，缔约方应考虑相关国际机构提出的各项原则和指导方针。对此，USMCA 进一步明确列举《APEC 隐私框架》（APEC Privacy Framework）以及《OECD 隐私保护和个人数据跨境流动指南》（OECD Guidelines governing the Protection of Privacy and Transborder Flows of Personal Data）等国际原则和指南。[①]这一规定旨在鼓励缔约方建立机制以增强不同体制间的兼容性，有利于在隐私保护法律比较严格的缔约方与隐私保护法律相对宽松的缔约方之间，就跨境

---

① 参见 USMCA，第 19.8(2) 条。

数据流动的权利义务达成一定的平衡。

此外，美式高标准数字贸易规则还为美国互联网巨头量身定制了一些规则，例如互联网服务提供者的责任限制条款。USMCA 新增的“交互式计算机服务”（即互联网服务）条款规定，互联网服务提供者原则上不得被视为信息内容提供者，因此对于用户在互联网上存储、处理、传输信息导致的侵权行为，互联网服务提供者作为中介无需承担法律责任。① 互联网服务提供者日趋平台化，使得用户数量及其侵权风险成倍增加。对美国而言，十分有必要通过贸易协定明确限制互联网服务提供者的责任，保护互联网平台利益。

总的来看，在美国的强势引领和大力推动下，美国缔结的自贸协定率先确立了一整套美式数字贸易规则模板，不断推高规则水平，并通过日本、澳大利亚等贸易伙伴传播和推广至更多国家，在全球数字贸易规则网络中呈现出明显的传导性。

## 第二节 欧式高标准数字贸易规则

近年来，数字贸易也已成为欧盟贸易协定的重点议题。欧盟通过与韩国、加拿大、日本、新加坡等经济体签署经济贸易协定，加快传播欧式数字贸易规则。2018 年签署的《欧盟—日本经济伙伴关系协定》（EU-Japan Economic Partnership Agreement，以下简称欧日 EPA）电子商务

① 参见 USMCA，第 19.17 条。

条款是欧式数字贸易规则的典型代表。《欧盟—英国贸易与合作协定》（EU-UK Trade and Cooperation Agreement，以下简称欧英 TCA）则将欧式数字贸易规则的标准往前推进了一大步。虽然欧式数字贸易规则不及美式规则那么全面，高标准规则也不多，但在个人信息保护和跨境数据流动等方面，欧盟显现出强大的规则制定能力。

## 一、跨境数据流动条款

欧盟和美国在跨境数据流动议题上存在严重分歧。美国政府虽然重视保护隐私，不过在促进跨境数据流动与隐私保护之间更倾向于发展数字贸易，以保持美国在相关领域的领先地位。而欧盟一贯严格保护个人信息和隐私，《一般数据保护条例》（GDPR）号称全球最严苛的个人信息保护法。可以说，欧式数字贸易规则与美式规则最核心的区别就是跨境数据流动条款。

### （一）欧日 EPA 跨境数据流动条款

欧盟对贸易协定跨境数据流动条款的态度相当谨慎。欧日 EPA 之前签署的贸易协定从未涉及跨境数据流动。欧日 EPA 虽然写入了数据流动条款，但是没有对跨境数据流动做出承诺，仅明确双方同意在协定生效之日起三年内就纳入数据自由流动条款的必要性进行重新评估。[①] 这主要是因为欧盟对个人数据和隐私保护坚持其固有立场，而且欧盟成员国无法达成一致意见，所以欧盟此前在贸易协定谈判中一直不愿承诺

---

① 参见 EU-Japan EPA，第 8.81 条。

跨境数据流动，从 TISA 谈判到 TTIP 谈判均是如此。①

虽然欧日 EPA 没有对跨境数据流动作出承诺，但是欧盟和日本之间的充分性决定对该协定起到了补充作用。充分性决定是由欧盟委员会根据 GDPR 作出的，当第三国通过其国内法或国际承诺提供与欧盟相当的个人数据保护水平，数据主体的基本权利得到充分保护时，方可进行国际传输的决定。2019 年 1 月，欧委会正式通过有关日本的充分性决定，日本同时通过了同样的决定。较之此前单方面给予其他国家充分性决定，这是欧盟首次和第三国就相互承认数据保护水平的充分性达成协议。这也反映出欧盟并非拒绝谈判跨境数据流动议题，而是不愿在贸易协定中谈判跨境数据流动。

值得一提的是，2018 年欧盟推出跨境数据流动和个人数据保护规则的范本，提供跨境数据流动、个人数据和隐私保护、数字贸易监管合作三个条款的模板。② 该范本集中体现了欧盟对跨境数据流动条款的基本立场，即个人信息作为一项基本权利，在贸易协定中是不可谈判的。

### （二）欧英 TCA 跨境数据流动条款

欧英 TCA 正式将此前欧式贸易协定中的“电子商务”改为“数

---

① See European Commission, “Report of the 21th TISA Negotiation Round”, November 2016, http://trade.ec.europa.eu/doclib/docs/2016/november/tradoc_155095.pdf, visited on 11 July 2021; USTR and European Commission, U.S.-EU Joint Report on TTIP Progress to Date, 17 January 2017, http://trade.ec.europa.eu/doclib/docs/2017/january/tradoc_155242.pdf, visited on 6 June 2022.

② See EU’s Horizontal provisions for cross-border data flows and for personal data protection (in EU trade and investment agreements).

字贸易”，在第二章专门对数据流动和个人数据保护作了规定，其表述和措辞与欧盟推出的跨境数据流动和个人数据保护条款范本基本一致。英国在脱欧前适用的是欧盟数据保护法律，而且欧委会已经根据 GDPR 和《执法指令》①正式通过了对英国的充分性决定，因此双方比较容易在贸易协定中就跨境数据流动和个人数据保护达成一致。

欧英 TCA 第 201 条“跨境数据流动”规定，缔约方不得通过以下方式限制跨境数据流动，包括：（1）要求在缔约方领土内使用计算设施或网络元件进行处理，包括强加使用在一缔约方境内经认证或批准的计算设施或网络元件；（2）要求数据存储或处理本地化；（3）禁止在其他缔约方境内存储或加工数据；（4）使数据的跨境传输取决于在缔约方境内使用计算设施或网络元件，或取决于缔约方境内的本地化要求。缔约方应审查该条款的执行情况，并在协定生效之日起三年内评估其运作情况。实际上，欧英 TCA 跨境数据流动条款主要规范的是数据本地化的做法，相当于美式计算设施位置条款，只不过进行了细化和深化，一是明确本地化的设施不仅包括计算设施，还包括网络元件，如路由器、接入服务器、交换机、集线器等；二是明确本地化的方式包括存储、处理

① See Directive (EU) 2016/680 of the European Parliament and of the Council of 27 April 2016 on the protection of natural persons with regard to the processing of personal data by competent authorities for the purposes of the prevention, investigation, detection or prosecution of criminal offences or the execution of criminal penalties, and on the free movement of such data, and repealing Council Framework Decision 2008/977/JHA.

和加工数据等。

欧英 TCA 第 202 条“个人数据和隐私保护”规定，本协定的任何规定均不妨碍缔约方采取或维持以下措施：保护个人数据和隐私，包括跨境数据传输，前提是该缔约方法律规定了在保护所传输数据的普遍适用条件下能够传输的机制。对欧盟而言，传输工具实际上是指 GDPR 第五章规定的国际数据传输机制，包括充分性决定、标准合同条款①、约束性公司规则②等。其中，充分性决定是最重要的传输机制，第三国一旦通过认定，其企业无需额外采取数据保护措施或获得其他认证，更有利于保障数据畅通无阻地流动。但是，充分性认定的标准相当严苛，欧盟掌握着认定机制具体实施的绝对主动权，从美欧数据流动博弈即可窥见一斑。个人数据和隐私保护条款是欧式高标准数字贸易规则的典型，明确反映出欧盟维护其个人数据和隐私保护制度的基本宗旨。而且欧盟可能会以此为模板，在今后的贸易协定谈判中继续推广这一欧洲模式，不断巩固其数据保护规则制定者的地位。

## 二、其他重要条款

欧式数字贸易规则的主要目标是为消费者提供安全可靠的在线环

① 标准合同条款（Standard Contractual Clauses, SCC）是欧委会发布的供国际数据传输合同当事方采用的条款。在第三国不能对欧盟个人数据提供充分保护的情况下，个人数据出口方和进口方通过签订标准合同条款，使得向非欧盟国家传输数据能够满足欧盟标准。

② 约束性公司规则（Binding Corporate Rules, BCR）是在欧盟成立的跨国公司集团遵守的、用于向欧盟以外的集团企业传输个人数据的数据保护政策。

境，同时确保企业的可预测性和法律确定性。高标准的欧式数字贸易章节一般包括以下条款：电子传输免关税永久化、电子合同、电子签名和电子信任服务、转让或访问源代码、线上消费者保护、未经请求的商业电子信息等。鉴于欧英 TCA 数字贸易规则是目前欧盟签署的最高标准的规则，本书将以此为蓝本分析欧式数字贸易规则的核心内容。考虑到电子传输免关税、电子签名和电子信任服务、未经请求的电子商业信息、开放政府数据等条款与美式规则差别不大，在此不再赘述，重点围绕欧式规则的独特之处展开。

### （一）电子合同

欧英 TCA 第 205 条“通过电子方式签订合同”承认电子合同的法律效力，禁止缔约方仅以合同系以电子方式签订为由否认合同的效力，或以其他方式妨碍使用电子合同。但是，上述规定不适用于广播服务、赌博服务、法律代理服务等一系列服务。① 比较而言，美式规则一般不包括电子合同条款。因为欧盟认为，电子合同是在线交易的基础。如果不承认电子合同的效力，根本无法开展电子商务。电子合同效力得到承认的法律确定性，对于向企业尤其是中小企业和消费者确保通过电子合同进行的电子交易的有效性是非常必要的。②

① 参见 EU-UK TCA，第 205 (2) 条。

② See WTO, “Communication from European Union, Joint Statement on Electronic Commerce, Establishing an Enabling Environment for Electronic Commerce”, JOB/GC/188 (INF/ECOM/10), 16 May 2018, p.2.

## （二）转让或访问源代码

欧英 TCA 第 207 条“源代码”规定，缔约方不得要求转让或访问另一缔约方的人的软件源代码。该条同时明确，一般例外、安全例外和审慎例外适用于缔约方在认证程序中采取或维持的措施；此外，另一方自然人或法人在商业基础上可以自愿转让或授权访问源代码，例如在公共采购交易或自由谈判的合同中。① 同时，法院、行政法庭、竞争主管机关防止或补救限制或扭曲竞争行为的要求，监管机关根据缔约方保护公共安全的相关法律法规对在线用户的要求，知识产权执法和保护，以及缔约方依据 WTO《政府采购协定》第 3 条采取的措施不在此列。② 与美式条款相比，欧式源代码条款更加强调明确例外情形，以便为政府监管预留更多的政策空间。

## （三）线上消费者信任

欧盟高度重视消费者保护，包括线上消费者保护。不过，欧日 EPA 以及之前的欧式消费者保护条款仅仅强调采取和维持线上消费者保护措施的重要性，③ 未作任何强制性规定。直到欧英 TCA，欧盟才纳入了有约束力的消费者保护条款。第 208 条“线上消费者信任”规定，缔约方应采取或维持措施以确保有效保护从事电子商务交易的消费者：（1）禁止欺诈和欺骗性商业行为；（2）要求商品和服务供应商诚信行事并遵守

---

① 参见 EU-UK TCA，第 207 (2) 条。

② 参见 EU-UK TCA，第 207 (3) 条。

③ 参见 EU-Japan EPA，第 8.78 条。

公平的商业行为惯例，包括禁止向消费者收取未经请求的商品和服务的费用；（3）要求货品或服务供应商向消费者提供清楚及全面的资料，包括通过中介服务提供商行事时，有关其身份及联系方式、交易的相关情况以及适用的消费者权利；（4）允许消费者在权利受到侵犯时获得补救，包括在商品或服务已付款但未按约定交付或提供的情况下获得补救的权利。该规定还强调了委托其消费者保护机构或其他相关机构以充分执法权的重要性，以及双方开展合作的重要性。相比美式规则仅规定了禁止欺诈和欺骗性商业行为，欧英 TCA 线上消费者信任条款拓展了对线上消费者的保护范围，对线上消费者提供的保护程度明显更高。

总的来看，欧式数字贸易规则与美式规则既有共同之处，也有明显区别，其根源是两者核心利益的分野。与美国主要受企业利益驱动不同的是，欧盟少有本土互联网巨头，而是凭借其完善的数据保护法律制度，积极推广以充分性决定机制为代表的数据传输欧洲模式，进而以此为基础形成欧式数字贸易规则。

## 第三节　数字经济伙伴关系协定

近年来，在新加坡的推动下，数字经济伙伴关系协定模式的数字经济规则迅速形成，并且在亚太地区乃至更大范围内快速铺开，成为美国和欧盟模式之外推动数字贸易规则发展的一支重要力量。

首部单独的数字经济协定——《新加坡—智利—新西兰数字经济伙伴关系协定》（Singapore-Chile-New Zealand Digital Economy Partnership

Agreement）于 2020 年 6 月签署，于 2021 年 1 月在新西兰、新加坡生效，并于 2021 年 11 月在智利生效。2020 年 8 月，《新加坡—澳大利亚数字经济协定》（Singapore-Australia Digital Economy Agreement，以下简称新澳协定）① 签署，并于 2020 年 12 月正式生效。《英国—新加坡数字经济协定》（UK-Singapore Digital Partnership Agreement，以下简称英新协定）② 于 2022 年 2 月签署。《韩国—新加坡数字经济协定》（Korea-Singapore Digital Economy Agreement，以下简称韩新协定）于 2022 年 11 月签署。此外，加拿大、中国已经正式申请加入 DEPA。后三部协定均建立在 DEPA 基础之上，与 DEPA 共同构成数字贸易协定的新模式，本书将该模式称为 DEPA 模式。

## 一、DEPA 的主要内容

### （一）便利数字贸易

第一，无纸贸易。无纸贸易是通行的数字贸易规则，大多数协定都包含该条款，有些是硬性义务，有些是软性义务。DEPA 第 2.2 条规定成员应当接受贸易管理文件的电子版本与纸质单证具有同等法律效力，相比 RCEP、CPTPP 软性义务而言标准更高。DEPA 还进一步规定，成员应努力建立互联互通的单一窗口，促进贸易管理文件相关的数据交换，并提升数据交换系统的互操作性。

---

① 《新加坡—澳大利亚数字经济协定》构成对 2003 年 7 月生效的《新加坡—澳大利亚自由贸易协定》电子商务等内容的修改。

② 《英国—新加坡数字经济协定》构成对 2020 年 12 月签署的《英国—新加坡自由贸易协定》电子商务等内容的修改。

第二，跨境物流。DEPA是首次对跨境物流作出规定的经贸协定。DEPA第2.4条要求成员努力分享关于物流部门的最佳实践和一般信息，包括最后一公里配送方案、跨境配送货物方式的便利化、新的物流配送和商业模式、配送车辆的自动化和智能化等，以降低成本、提升供应链的效率和可靠性。

第三，电子发票。DEPA是首次对电子发票作出规定的经贸协定。DEPA第2.5条要求成员就电子发票问题开展合作，包括确保电子发票相关国内措施旨在支持电子发票系统的跨境互操作性，根据现有的国际标准、准则或者建议制定电子发票相关国内措施，并就促进交互电子发票系统的采用分享最佳实践和开展合作，从而缩短发票处理时间，节约处理成本，提高商业交易的效率、准确性和可靠性。

第四，电子支付。DEPA是首次对电子支付作出规定的经贸协定。DEPA第2.7条要求成员努力及时公布电子支付法规，考虑采用相关支付系统的国际公认支付标准，努力促进应用程序编程接口（API）的使用，努力通过数字身份实现可跨境认证和电子识别客户，采用监管和行业沙盒及时推出新的金融和电子支付产品和服务，从而促进发展高效、安全和可靠的跨境电子支付。

第五，数字身份。数字身份可以促进几乎所有其他数字技术的使用，被广泛应用于金融服务、医疗健康等多个领域，有利于提高身份识别和交易验证的便利性和安全性，被视为数字经济贸易的“软基础设施”。实践中，数字身份包括生物特征、智能卡片、数字签名和二维码等数据。数字身份规则是DEPA的重要创新。DEPA第7.1条旨在促进成员数字身份制度的互操作性，以增强个人或企业数字身份的互联互通。为此，DEPA致力于协调技术和监管的差异，包括提倡成员采用数字身份的国际框架或开放框架，规定成员应努力对数字身份提供同等保护或认可法律和监管效果，就与数字身份相关的政策法规、技术实现工具、保障标准以及用户采用的最佳实践交流知识和专业技术。DEPA模式数字身份规则不属于“硬义务”，而是通过“软合作”增强不同数字身份制度之间的互联互通，简化跨境认证业务流程，包括公司注册和开设公司银行账户，有利于提升消费者和企业在海外参与数字经济活动的便利度和安全性。

### （二）数字产品公平待遇

第一，电子传输免关税。电子传输免关税一般是指不对电子传输及以电子方式传输的内容征收关税。3D打印等新技术的出现，使更多商品可能通过电子方式交付，电子传输免关税的影响也越来越大。国际上有关电子传输免关税的争论主要涉及是否永久化的问题，发达国家一般支持免关税永久化，发展中国家大多反对永久化，仅支持暂免关税。WTO和RCEP维持暂免关税的做法，DEPA第3.2条以及CPTPP、USMCA、《美日数字贸易协定》等高标准协定均要求免关税永久化。

第二，数字产品非歧视待遇。数字产品非歧视待遇属于高标准数字贸易规则，CPTPP、USMCA、《美日数字贸易协定》等均有与DEPA第3.3条类似的规定，RCEP没有规定。DEPA要求成员给予其他成员的投资者和服务提供者的数字产品的待遇，不得低于其给予其他同类数字产品的待遇。一旦接受数字产品非歧视待遇，已承诺开放部门的数字产品跨境提供将放开市场准入。

第三，加密ICT产品。DEPA和《美日数字贸易协定》对使用加密的ICT产品作了规定，旨在确保企业能够自主使用密码技术，而RCEP、CPTPP、USMCA均未作规定。DEPA第21条规定，不得以转让、访问有关密码技术的专有信息作为ICT产品的市场准入条件，包括披露私钥或其他秘密参数、算法规范等特定技术或生产过程，不得要求制造商或提供商与当地企业合伙、合作开发、制造、销售、进口、使用ICT产品，也不得要求其使用、集成特定的密码算法或密码，但在执法、金融监管等方面设置了例外条款。这一规定旨在维护科技企业的利益，尽管国际社会关于加密和反加密的争论一直在持续。

### （三）促进数据流动

第一，个人信息保护。个人信息保护是构建可信数字经济贸易发展环境的关键，越来越多的数字贸易规则都对个人信息保护作了规定。DEPA第4.2条比RCEP、CPTPP个人信息保护条款更加全面，不仅规定成员要制定个人信息法律框架并公布相关信息，还进一步明确了个人信息法律框架的基本原则，并要求成员应致力于建立机制促进不同个人信息保护体制之间的兼容性和互认性，鼓励企业采用数据保护信任标志以及相互承认对方的信任标志。

第二，跨境数据自由流动。通过电子方式跨境传输信息即跨境数据流动条款是高标准数字贸易规则的核心，美国力推跨境数据自由流动，欧盟坚持在充分保护个人信息的前提下促进跨境数据流动。DEPA 第 4.3 条与 CPTPP、USMCA、《美日数字贸易协定》跨境数据流动条款基本一致，高于 RCEP 的要求。该条款规定成员不得阻止投资者和服务提供者为开展业务而通过电子方式跨境传输信息，从而为企业跨境传输数据提供了保障。DEPA 保留了成员为隐私保护、基本安全利益等合法公共政策目标采取措施的权利。

第三，禁止数据本地化。计算设施位置即禁止数据本地化条款与跨境数据流动密切相关。DEPA 第 4.4 条与 CPTPP、USMCA、《美日数字贸易协定》禁止数据本地化条款基本一致，高于 RCEP 的要求。该条款明确规定成员不得以在其境内使用或放置计算设施作为市场准入的条件，包括既不能要求企业在当地建立数据中心，也不能要求企业使用本地计算设施。DEPA 也保留了成员为合法公共政策目标采取措施的权利。

第四，网络安全合作。网络安全是数字经济贸易安全发展的基础。DEPA 第 5.1 条网络安全合作包括利用现有合作机制，在确定和减少影响成员电子网络的恶意侵入或恶意代码传播方面开展合作，以及网络安全领域的企业和人员合作，包括与资格认证互认等相关的举措。

### （四）推动数字创新

第一，数据创新。DEPA 是首次对数据创新作出规定的经贸协定。由于数字经济本质上是数据驱动型经济，数据驱动型创新至关重要。

DEPA 第 9.4 条旨在通过跨境数据流动和数据共享，包括在数据共享项目和机制、数据监管沙盒方面开展合作，促进数据驱动的创新。数据共享机制主要包括可信数据共享框架和数据共享协议。可信数据共享框架一般指商业或非政府机构在共享数据时为保障数据的可信赖所遵循的方法。2019 年，新加坡资讯通信媒体发展局和个人数据保护委员会发布《可信数据共享框架》，从数据共享战略、数据共享合规要求、技术和组织能力以及运营数据共享等方面提供指引，帮助企业系统地了解建立可信数据共享合作伙伴关系应考虑的多种因素。① 数据新用途的概念验证可以采用数据监管沙盒方式。数据沙盒是企业探索数据创新的容错纠错机制，使得企业可以在限定条件下探索和试验数据的创新使用，以减少当前和拟议政策的不确定性，降低企业和消费者风险，平衡数据创新和数据安全之间的关系。数据沙盒已被新加坡用作鼓励数据创新、改善数字营商环境的重要方式。

第二，开放政府数据。便利公众获得和使用政府数据可以促进数字经济贸易和创新。RCEP、CPTPP 没有对开放政府数据作出规定。DEPA 第 9.5 条比 USMCA 开放政府数据条款更加详细，除了规定开放数据的格式以及开展合作以外，还进一步明确了合作的具体内容，包括共同确定开放数据集的部门，以及推动使用和开发以标准化网上公共牌照为形

① Infocomm Media Development Authority and Personal Data Protection Commission, "Trusted Data Sharing Framework," June 28, 2019, https://www.imda.gov.sg/-/media/Imda/Files/Programme/Data-Collaborative-Programme/Trusted-Data-Sharing-Framework.pdf, visited on 20 December 2022.

式的开放数据许可模式等。

第三，金融科技。DEPA 是首次对金融科技作出规定的经贸协定。DEPA 第 8.1 条旨在促进金融科技部门中企业之间的合作，促进商业或金融部门金融科技解决方案的制定，以及金融科技部门的创业或创业人才合作。DEPA 模式提出了金融科技合作的三个方向：一是促进金融科技部门中企业之间的合作。二是促进商业或金融部门金融科技解决方案的制定。该条款是对 2018 年新加坡推出应用程序接口平台（API Exchange，APIX）① 这一促进金融科技解决方案的经验总结。APIX 旨在建立在线金融科技市场和行业沙盒平台，以便金融机构和金融科技公司开展协同试验，并采用应用程序接口推动亚太地区数字化转型和金融包容性。三是促进金融科技部门中的创新和创业人才合作。《英新协定》有关金融科技的双边换文巩固了关于振兴英国—新加坡金融科技桥 ② 商业谈判的成果，帮助金融科技企业和投资者进入对方市场。DEPA 模式金融科技合作条款主要反映了新加坡力求成为金融科技创新世界领导者的雄心，通过加强与英国等全球金融科技中心的合作，实现新加坡金融

---

① APIX 是东盟金融创新网络的一项倡议，该网络是由新加坡金融管理局、世界银行集团的国际金融公司和东盟银行家协会联合成立的一个非营利性实体。APIX 是一个全球开放架构平台，支持东盟和世界各地的金融创新和包容发展。参见新加坡金融管理局官网，https://www.mas.gov.sg/development/fintech/api-exchange。

② 英国—新加坡金融科技桥于 2016 年 5 月由英国金融行为监管局和新加坡金融管理局启动，通过双方签署监管合作协议，合作共享和使用有关金融服务创新的信息。详情参见英国政府官网，https://www.gov.uk/government/news/first-ever-fintech-bridge-established-between-britain-and-singapore。

科技产业的新突破。

第四，人工智能。DEPA 是首部写入人工智能条款的经贸协定，目标是协调人工智能伦理治理框架。DEPA 第 8.2 条旨在以确保人工智能技术可信、安全和负责任使用为基础，实现人工智能伦理和治理框架的国际一致，为缔约方在各自管辖范围内接受和使用人工智能技术提供便利。考虑到数字经济贸易的跨境性质，增强伦理和治理框架的国际一致性对于人工智能发展至关重要。为此，DEPA 提倡成员使用人工智能治理框架时考虑国际公认的原则和指导方针，主要包括可解释性、透明、公平和以人为本，从而使得人工智能技术在数字经济中的应用日益广泛。

（五）增强数字参与

第一，中小企业合作。DEPA 规定中小企业合作条款，目的是提高中小企业的数字经济参与度。DEPA 要求缔约方就利用数字工具和技术改善中小企业资金和信贷获得、政府采购机会的获得开展合作和交流，并鼓励中小企业参与有助于其与国际供应商、买家和其他潜在商业伙伴联系的平台。DEPA 对信息共享做了专门规定，要求缔约方设立免费公开的信息网站，以便利中小企业获取相关法律法规、数据监管沙盒、政府采购计划、融资计划等信息。DEPA 还规定缔约方应开展数字中小企业对话，借助包括亚太经合组织（APEC）、世界贸易组织（WTO）在内的国际合作平台开展对话，以促进中小企业自协定中获益。

第二，数字包容性。数字包容性议题旨在解决参与数字经济的广度问题，即所有人和所有企业都应参与数字经济、作出贡献并从中获益。DEPA 数字包容性条款明确成员应就数字包容性相关事项开展合作，如分享经验和数据、制定参与计划、处理参与障碍，以增加妇女、农村人口、低收入社会经济群体等参与数字经济的机会。DEPA 专门提及就原住民参与数字经济开展合作，体现了新西兰毛利人的利益诉求。①《英新协定》“数字包容性”条款将数字劳工这一新议题引入协定中，这是劳工议题在数字经济时代的新发展，其动向值得关注。

## 二、DEPA 的基本特点

DEPA 是数字贸易规则的新模式，旨在制定新规则、创设新方法，支持数字经济贸易发展。相比原有的数字贸易规则，DEPA 的内容更加丰富，不仅包含跨境数据流动、数据本地化、个人信息保护、在线消费者保护、网络安全等重要的数字贸易规则，还增加了电子支付、电子发票、单一窗口数据交换等数字贸易新规则，并纳入了数字身份、数据创新、人工智能、数字包容性等更广泛的数字经济新议题，而且 DEPA 规则更加灵活，聚焦促进新兴数字领域的合作，增强数字系统之间的互操作性。相比以往的美式和欧式数字贸易协定，DEPA 主要有以下特点：

第一，突出数字经济新议题，拓展现有规则范围。作为新一代数字

① New Zealand Foreign Affairs & Trade, “Digital Economy Partnership Agreement: National Interest Analysis,” June 2020, https://www.mfat.govt.nz/assets/Trade-agreements/DEPA/DEPA-NIA-June-2020-for-MFAT-website.pdf, visited on 15 July 2022.

经济协定，DEPA 在继承并发展原有数字贸易规则基础上，创新性地对影响数字经济的一系列新问题作了回应，形成了独具特色的数字经济新议题。DEPA 数字经济新议题主要包括数字身份、金融科技合作、人工智能、政府采购、竞争政策合作、数据创新、中小企业合作和数字包容性等（见表 2-1）。DEPA 数字经济新议题将原有规则从贸易维度拓展至更广泛的领域，以解决技术创新、数字经济治理等非贸易问题带来的新挑战。当然，DEPA 模式对新议题的探索刚刚开始，特别是区块链、物联网、数字孪生等新兴技术问题以及数据可携带性、法律科技合作等数字治理问题，规则本身还在不断发展中。

表 2-1　DEPA 模式协定数字经济新议题相关规范

| DEPA 模式协定数字经济新议题 | 《数字经济伙伴关系协定》 | 《新澳协定》 | 《英新协定》 | 《韩新协定》 |
|---|---|---|---|---|
| 数字身份 | 第 7 模块 | 第 29 条；数字身份合作谅解备忘录 | 第 8.61-S 条；数字身份合作谅解备忘录 | 第 14.30 条 |
| 金融科技合作 | 第 8.1 条 | 第 32 条 | 第 8.53 条；金融科技双边换文 | 第 14.29 条 |
| 人工智能 | 第 8.2 条 | 第 31 条；人工智能合作谅解备忘录 | 第 8.61-R 条 | 第 14.28 条人工智能合作谅解备忘录 |
| 政府采购 | 第 8.3 条 | — | — | — |
| 竞争政策合作 | 第 8.4 条 | 第 16 条 | 第 8.61-U 条 | 第 14.27 条 |
| 数据创新 | 第 9.4 条 | 第 26 条；数据创新谅解备忘录 | 第 8.61-I 条 | 第 14.25 条 |
| 中小企业合作 | 第 10 模块 | 第 36 条 | 第 8.61-Q 条 | 第 14.32 条 |
| 数字包容性 | 第 11 模块 | — | 第 8.61-P 条 | — |

资料来源：笔者根据 DEPA 模式协定文本整理。

第二，规则灵活弹性，扩大数字经济“朋友圈”。相比美式数字贸易协定的“硬法”规范，DEPA 突出模块化、“软”约束的方法，灵活度、开放性更高，目的是吸引更多经济体加入协定，扩大数字经济“朋友圈”。

一是采用模块化的框架。DEPA 共有十六个模块，实体条款主要包括商业和贸易便利化、数字产品待遇和相关问题、数据问题、更广泛的信任环境、商业和消费者信任、数字身份、新兴趋势和技术、创新和数字经济、中小企业合作、数字包容性等。新加入方可以选择所有模块，也可选择部分模块。对于跨境数据流动等高标准规则，是否作出承诺有谈判空间，这一安排有利于吸引暂时不能接受高标准规则的国家加入 DEPA。

二是大量采用软法规范。DEPA 许多条款的内容以非约束性规则和最佳实践为主，如电子发票、电子支付等数字贸易新规则，以及数字身份、人工智能、金融科技、数据创新、中小企业、数字包容性等数字经济新议题。这些条款通过软法规范的方式，避免硬性义务带来的履约压力，有利于推动成员不断形成共识，逐步探索制定数字经济新规则。

第三，强调互操作性，推动形成一体化数字市场。DEPA 数字经济规则强调互操作性，提倡各方采用共同的技术标准，相互承认法律或监管效果，以协调各方数字贸易环境的差异，实现数字贸易各个环节的互联互通。

一是技术标准可互操作。DEPA 强调采用技术标准的互操作性，包括采用共同的技术标准或者国际公认的标准，增强单一窗口数据交换系统、电子发票系统、电子支付系统以及数字身份实现工具等数字系统的互操作性，以进一步消除数字贸易的障碍。

二是监管框架协调一致。DEPA 强调数字贸易监管框架的国际协调，例如各方法律框架对数字身份提供同等保护，或者相互认可数字身份法律和监管效果，以及促进各方采用国际一致的人工智能治理框架，从而减少因监管环境差异给企业海外经营带来的额外成本。

第四，注重数字领域国际合作，谋求切实成果。DEPA 注重各方之间的合作，既包括人工智能、金融科技等新兴技术领域创新企业、人才等的合作交流，也包括共同应对中小企业数字化、数字鸿沟等带来的新挑战，以数字领域的务实合作谋求切实成果。

一是强调多方参与。政府要加强监管合作、信息交流、人员交换等，企业要推动技术转让、人才交流、项目合作等，非政府组织、学术专家和其他利益攸关方要积极参与政策对话等。

二是强调务实合作。新加坡鼓励企业参与人工智能、金融科技、数据创新、数据保护信任标志、APEC 跨境隐私规则体系、电子发票网络、中小企业数字化等具体项目，从而使得协定利益惠及企业的跨境商业和贸易。

总的来看，DEPA 模式对进一步深化数字贸易规则作了重要探索，有利于更好地回应数字经济发展提出的规则需求。DEPA 模式协定虽为区域经贸协定，但其提出的新规则新方法具有全球价值，值得各方共同研究借鉴。

# 第三章

## 全球数字贸易规则发展的新动向

世界数字经济发展持续提速，以现有规则为基础，在各方大力推动下，全球数字贸易规则呈现出不断深化的态势。诸边层面，WTO 电子商务联合声明谈判正在加紧进行。区域层面，印太经济框架数字经济规则可能成为美式数字贸易规则的新标杆。

### 第一节　WTO 电子商务联合声明谈判

由于数字贸易具有全球属性，相比碎片化的双边和区域规则，多边规则更加契合数字贸易的发展需求。尽管 WTO 电子商务联合声明谈判并非在多边层面展开，但它是目前这一领域覆盖面最广的谈判，为构建 21 世纪的数字贸易规则提供了独特机会。

#### 一、WTO 电子商务联合声明谈判的启动及进展

##### （一）WTO 电子商务联合声明谈判的启动

WTO 促进和规范电子商务的努力可追溯到 1998 年，在日内瓦举行的第二届部长级会议上，成员方通过了《全球电子商务宣言》①，并以此

① See WTO, "Declaration on Global Electric Commerce", WT/MIN (98) /DEC/2, 25 May 1998, p.1.

为基础制定了《电子商务工作计划》(以下简称《工作计划》)。①在《工作计划》框架下，WTO电子商务议题由货物贸易理事会、服务贸易理事会、知识产权理事会、贸易和发展理事会四个常设机构具体推进，并向总理事会汇报进展情况。不同的理事会有不同的讨论事项，涉及的问题非常广泛。②其中明确电子商务的定义以及确定电子商务议题讨论的具体问题是《工作计划》的主要贡献。时至今日，这些问题仍在探讨当中。

2000年以后，虽然《工作计划》下的电子商务讨论仍在继续，但是由于在关键领域长期缺乏共识，没有取得实质成果。2009年WTO部长级会议通过《电子商务工作计划部长决定》，对《工作计划》下问题检讨尚未完成表示关注，并决定大力推动这项工作，要求总理事会定期审查工作进展。③2011年《电子商务工作计划部长决定》重点关注《工作计划》的发展方面，包括技术援助和能力建设等。④2013年《电子商务工作计划部长决定》要求考察网络互联、信息获取、移动通讯、电子传输软件、云计算等电子商务领域出现的新问题。⑤同样，上述工作均

①② See WTO, "Work Programme on Electronic Commerce", Adopted by the General Council on 25 September 1998, WT/L/274, 30 September 1998, pp.1—3.

③ See WTO, "Work Programme on Electronic Commerce, Decision of 11 December 2009", WT/L/782, 11 December 2009, p.1.

④ See WTO, "Work Programme on Electronic Commerce, Decision of 17 December 2011", WT/L/843, 19 December 2009, p.1.

⑤ See WTO, "Work Programme on Electronic Commerce, Ministerial Decision of 7 December 2013", WT/MIN (13) /32, 11 December 2013, p.1.

未能取得实际进展。WTO 未能推进这项工作并填补法律空白，一方面是因为受多哈回合谈判停滞不前的影响，另一方面也是电子商务议题本身的复杂性造成的。

随着电子商务在全球范围内迅猛发展，电子商务议题讨论的局势明显不同于以往。2015 年 12 月 WTO 内罗毕部长级会议以后，WTO 有关电子商务讨论的活跃度和参与度迅速发生变化。WTO 成员提交了大量的电子商务提案和讨论文件，与《工作计划》通过后该领域鲜有行动形成明显对比。据初步统计，2000—2015 年，与《工作计划》相关的 WTO 文件只有 61 份；而 2016—2017 年，相关文件就有 58 份。从成员提案数来看，日本、新加坡、澳大利亚、加拿大、欧盟、美国、中国、俄罗斯、巴西等成员的提交文件数量较多。

2017 年 12 月召开的 WTO 布宜诺斯艾利斯部长级会议（以下简称 MC11）是电子商务讨论的重要转折点。部长级会议不仅沿袭往届做法通过了《电子商务工作计划部长决定》①，71 个国家 / 地区还开创性地发布了《电子商务联合声明》(以下简称《联合声明》)，号召参加方“积极针对未来 WTO 与贸易有关的电子商务谈判开展探索性工作”。② 对 WTO 电子商务议题而言，《联合声明》的发布结束了以探讨问题为导向的旧模式，开启了以规则谈判为目标的新时代。

① See WTO, “Work Programme on Electronic Commerce, Ministerial Decision of 13 December 2017”, WT/MIN (17) /65, 18 December 2017, p.1.

② See WTO, “Joint Statement on Electronic Commerce”, WT/MIN (17) /60, 13 December 2017, p.1.

2019 年 1 月，在瑞士达沃斯举行的电子商务非正式部长级会议上，中国等 5 个成员加入进来，76 个 WTO 成员共同签署新的《联合声明》，“确认有意开展与贸易有关的 WTO 电子商务谈判”，并“鼓励所有 WTO 成员加入”①。2019 年 3 月，WTO 与贸易有关的电子商务规则谈判正式启动。由于谈判是 WTO 部分成员在《联合声明》框架下开展的，因此严格意义上应被称为 WTO 电子商务联合声明谈判，有时也被简称为 WTO 电子商务谈判。

WTO 电子商务联合声明谈判的启动，标志着 WTO 在现代化改革之路上迈出了重要的一步。欧盟②、加拿大③、中国④等提出的 WTO 改革方案都将电子商务或数字贸易列为 21 世纪贸易规则现代化的重要内容。《美日欧三方贸易部长联合声明》也确认致力于推动 WTO 电子商务谈判达成高标准协议。⑤WTO 电子商务谈判能否达成协议，关系到 WTO 能否加强其在全球经济治理中的相关性，因此是决定多边贸易体制未来的谈判之一。

---

① See WTO, “Joint Statement on Electronic Commerce”, WT/L/1056, 25 January. 2019, p.1.

② See European Commission, “Concept Note on WTO Reform”, https://trade.ec.europa.eu/doclib/docs/2018/september/tradoc_157331.pdf, visited on 1 February 2020.

③ See WTO, “Strengthening and Modernizing the WTO: Discussion Paper”, Communication from Canada, JOB/GC/201, 24 September 2018, p.5.

④ See WTO, “China’s Proposal on WTO Reform, Communication from China”, WT/GC/W/773, 13 May 2019, pp.5—6.

⑤ European Commission, “Joint Statement of the Trilateral Meeting of the Trade Ministers of the United States, European Union, and Japan”, https://trade.ec.europa.eu/doclib/docs/2019/may/tradoc_157894.pdf, visited on 1 February 2020.

## （二）WTO 电子商务联合声明谈判的进展

WTO 电子商务谈判启动之后，参加方不断增加。截至 2023 年 2 月，共有 89 个 WTO 成员加入谈判。参加方纷纷提交提案，积极参加相关议题谈判。即使受到新冠疫情影响，WTO 电子商务谈判仍然取得重要进展，并于 2020 年 12 月形成合并案文。① 从合并案文看，WTO 电子商务谈判共覆盖七大议题（见表 3-1）。其中，重点是数字产品的市场准入和非歧视待遇、在线平台以及跨境数据流动的监管协调等议题。

表 3-1 WTO 电子商务联合声明谈判议题

| | |
|---|---|
| A：赋能数字贸易 / 电子商务 | |
| 便利电子交易 | • 电子交易框架<br>• 电子认证、数字证书和电子签名<br>• 电子合同 |
| 数字贸易便利化 | • 无纸化贸易<br>• 海关保税仓库 / 免税区<br>• 电子发票<br>• 电子可转让记录<br>• 物流和电子支付便利化 |
| 关税 | • 电子传输的关税 |
| B：开放与数字贸易 / 电子商务 | |
| 非歧视与责任 | • 数字产品非歧视待遇<br>• 事先授权<br>• 交互式计算机服务（责任限制 / 知识产权侵权） |
| 信息流动 | • 信息的跨境传输<br>• 计算设施的位置<br>• 金融计算设施的位置 |

① See WTO, "WTO Electronic Commerce Negotiations Consolidated Negotiating Text", INF/ECOM/62/Rev.1, 14 December 2020.

续表

| B：开放与数字贸易 / 电子商务 | |
|---|---|
| 互联网访问与数据 | • 开放政府数据<br>• 互联网访问<br>• 访问在线平台 / 竞争 |
| **C：信任与数字贸易 / 电子商务** | |
| 信任与数字贸易 / 电子商务 | • 在线消费者保护<br>• 垃圾邮件 |
| 隐私 | • 保护个人信息 / 隐私 |
| 商业信任 | • 源代码<br>• 使用密码的信息通信技术产品 |
| **D：跨领域问题** | |
| 透明度 | • 法律法规的公布与可获取<br>• 发表评论的机会<br>• 报告和通知的机制 |
| 网络安全 | • 网络安全 |
| 能力建设 | • 能力建设和技术援助的选择<br>• 利益相关者、机构和国际组织之间的合作 |
| **E：电信** | |
| 《WTO 电信服务参考文件》的更新<br>网络设备和产品 | |
| **F：市场准入** | |
| 服务市场准入<br>电子商务相关人员临时入境和停留<br>货物市场准入 | |
| **其他问题** | |
| 序言；定义；原则；范围；与其他协定的关系；一般例外；安全例外；审慎措施；税收；争端解决；与贸易有关的电子商务委员会 | |

资料来源：作者根据 WTO 电子商务联合声明谈判合并案文整理。

截至 2021 年 12 月，WTO 电子商务谈判已经就八项条款达成了清洁文本，包括：在线消费者保护、电子签名和认证、未经请求的商业电子信息、开放政府数据、电子合同、透明度、无纸化交易以及开放互联网访问。参加方将加快推进谈判，于 2022 年底之前在多数议题上达成一致。① 但不得不承认，参加方之间在不少议题上存在严重分歧，WTO 电子商务谈判要如期完成难度很大。

## 二、主要参加方有关利益诉求的差异

两份《联合声明》发表之后，参加方纷纷提交相关提案和讨论文件，提出各自对电子商务规则的具体主张。根据利益诉求的不同以及雄心水平的高低，可以将主要参加方分为三类：

### （一）美日等发达经济体

美国的数字产品和服务在全球市场占据绝对优势，其主张代表着保护与促进数字贸易的最高标准。与美国持类似主张的还有澳大利亚、日本、新加坡等，这些发达经济体普遍将跨境数据流动条款作为谈判的关键，认为跨境数据流动条款是真正有商业意义的数字贸易规则。②

---

① See WTO, “WTO Joint Statement Initiative on E-commerce: Statement by Ministers of Australia, Japan and Singapore”, December 2021, https://www.wto.org/english/news_e/news21_e/ji_ecom_minister_statement_e.pdf, visited on 11 June 2022.

② See WTO, “Joint Statement on Electronic Commerce: Co-conveners’ Update”, December 2020, https://www.wto.org/english/news_e/news20_e/ecom_14dec20_e.pdf, visited on 4 April 2021.

美国于 2018 年 4 月向 WTO 提交电子商务提案，首次全面概括了其认为在电子商务谈判中需要解决的七大议题：①

（1）信息自由流动。具体主张包括：第一，跨境数据传输。互联网用户必须能够按照其认为适当的方式传输数据。贸易规则可以确保消费者和企业能够跨境传输数据，不受任意或歧视性限制；第二，防止数据本地化。贸易规则可以确保企业不被要求在他们提供服务的每个管辖权范围内建立或使用独特的、资本密集型的数字基础设施；第三，禁止网页拦截。贸易规则，包括确保网络访问的规则，可以确保政府不会任意拦截或过滤在线内容，也不要求互联网中间服务提供商进行拦截或过滤。

（2）数字产品公平待遇。具体主张包括：第一，免税待遇。贸易规则可以确保政府继续并永久采取避免对数字产品征收关税的做法；第二，非歧视待遇。贸易规则可以确保在产品数字化并通过电子方式分销时适用这些防止歧视的保护措施。

（3）保护专有信息。具体主张包括：第一，保护源代码。不得以要求企业分享其源代码、商业秘密或算法作为市场准入条件。贸易规则可以确保政府不强制要求获取或与当地企业共享此类专有信息，同时保留主管部门实现合法监管目标的能力；第二，禁止强制技术转让。贸易规则能禁止强制转让技术、商业秘密或其他专有信息的要求；第

① WTO, “Communication from the United States, Joint Statement on Electronic Commerce Initiative”, JOB/GC/178 (INF/ECOM/5), 12 April 2018.

三，禁止歧视性技术要求。贸易规则可以防止随意强制要求使用国内技术。

（4）数字安全。具体主张包括：第一，加密。贸易规则可以确保供应商能够使用创新型安全加密技术，同时也为政府提供符合法律规定的数据访问权限；第二，网络安全。贸易规则可以通过采用基于风险的方法来减轻威胁，避免贸易限制和贸易扭曲，从而确保政府建立预防和应对网络安全事件的能力。

（5）促进互联网服务。具体主张包括：第一，数字相关市场准入承诺。WTO 服务分类已经严重过时，特别是通信服务，各方应当共同确定哪些旧的分类和承诺仍可适用于新技术。此外，新承诺也应允许跨境提供与传统通信服务相竞争的互联网服务；第二，开放政府数据。贸易规则可以鼓励政府以机器可读、开放的格式提供可以搜索、检索、使用、重用和重新分发的公共信息；（3）非知识产权内容的责任。贸易规则不仅可以保证仅仅存储、处理或传输内容不会使中间商对该数据的内容承担法律责任，还可以允许采取确保严格执行知识产权和刑法的措施。

（6）竞争性电信市场。建议将《WTO 电信参考文件》纳入 WTO 成员的承诺表，并为电信投资者和跨境提供商提供市场准入。

（7）贸易便利化。WTO 成员应当全面落实《贸易便利化协定》，并确定合理的关税豁免最低值。

除美国外，日本也多次提交提案，梳理了未来电子商务协定可能涵盖的要素①：（1）电子商务 / 数字贸易的监管框架，包括电子签名和认证、在线消费者保护、未经请求的商业电子通信、无纸化贸易、隐私保护、电子支付、标准和互操作；（2）开放和公平的贸易环境，包括关税、数字产品的非歧视待遇、通过电子手段跨境传输信息、禁止数据本地化、开放网络、合法政策目标的范围、自由化承诺；（3）保护知识产权，包括保护源代码和专有算法等重要信息、保护加密产品的创新、保护知识产权的贸易层面；（4）增强透明度，包括就监管措施和程序交换信息、利用贸易政策审议和贸易监测报告提高透明度；（5）发展与合作，包括监管合作、贸易和技术援助。

日本有关跨境传输信息、禁止数据本地化等的主张与美国高度一致，但其提案覆盖的议题更全，不仅涉及跨境传输信息、禁止数据本地化等深层规则，也涉及电子签名和认证、无纸化贸易等浅层规则，还兼顾了各成员的国内监管权，以及发展中成员的特殊需求。因为作为谈判的召集方，日本更看重能够能否在 WTO 框架下达成协议，所以协调各方利益、避免谈判破裂也是日本必须考虑事项。为此，日本提出“双层”承诺框架②，以此为发展程度不一的参加方提供更多选择，最终促

① See WTO, “Proposal for the Exploratory Work by Japan, Joint Statement on Electronic Commerce Initiative”, JOB/GC/177 (INF/ECOM/4), 12 April 2018; WTO, “Communication from Japan, Joint Statement on Electronic Commerce Initiative, List of the Key Elements and Ideas on Electronic Commerce”, JOB/GC/180 (INF/ECOM/7), 13 April 2018.

② See Inside U.S. Trade, “U.S. participation in e-commerce initiative tied to ambitious outcome”, https://insidetrade.com/daily-news/us-participation-e-commerce-initiative-tied-ambitious-outcome,visited on 2 March 2020.

成电子商务谈判取得成果。

## （二）欧盟等经济体

### 1. 欧盟

欧盟在数字贸易领域并不占优势，因此在跨境数据流动规则上态度相对保守，与美国有明显分歧。欧盟重点关注两个领域：一是营造有利于电子商务发展的环境，包括电子合同、电子认证、消费者保护、电子传输免关税永久化等①；二是开展修改 WTO 电信服务规则的探索性工作②，并分别提交了 WTO 电子商务谈判文本的建议案③以及修订《电信参考文件》的建议案。④

值得注意的是，欧盟在跨境数据流动规则上的态度较之以往已经开始转变。欧盟提交提案，建议允许跨境数据流动并禁止本地化要求，但是“可以采取和维持其认为适当的保护措施，以确保对个人数据和隐私的保护，包括通过采取或适用个人数据的跨境传输规

① See WTO, “Communication from European Union, Joint Statement on Electronic Commerce, Establishing an Enabling Environment for Electronic Commerce”, JOB/GC/188 (INF/ECOM/10), 16 May 2018, pp.1—4.

② See WTO, “Communication from European Union, Joint Statement on Electronic Commerce”, JOB/GC/194 (INF/ECOM/13), 12 July 2018, pp.1—4.

③ See WTO, “Communication from the European Union, Joint Statement on Electronic Commerce-EU proposal for WTO disciplines and commitments relating to electronic commerce”, INF/ECOM/22, 26 April 2019, pp.1—9.

④ See WTO, Communication from the European Union, “Joint Statement on Electronic Commerce-EU proposal for WTO disciplines and commitments relating to electronic commerce: Revision of disciplines relating to Telecommunications Services”, INF/ECOM/43, 15 October 2019, pp.1—5.

则”。① 这一例外规定可能会使跨境数据流动的承诺无效。② 欧盟还将个人数据和隐私保护定性为基本权利，③ 反映了其一贯高度重视隐私保护的政策做法。

欧盟虽然主张达成全面的、高水平的协定，不过在探索性讨论中，欧盟曾主张电子商务谈判应当聚焦于“低挂果实”，以后再逐步增加内容。而且欧盟还提出谈判框架应当务实和灵活，以尽可能多地吸引成员加入。欧盟主张中国必须加入谈判，④ 一方面是因为中国贸易量巨大，没有中国的加入，参加方的贸易额无法达到全球贸易总量的 90%；另一方面可能是因为中国也不同意跨境数据自由流动，在谈判中将对美国形成掣肘。

2. 巴西

巴西虽然是发展中国家，但已经于 2017 年正式申请加入 OECD，在各项法律制度上积极向发达国家靠拢，数据保护制度也是如此。《通

---

① See WTO, Communication from the European Union, “Joint Statement on Electronic Commerce-EU proposal for WTO disciplines and commitments relating to electronic commerce”, INF/ECOM/22, 26 April 2019, para.2.8.2.

② See Rachel F. Fefer, “Internet Regimes and WTO E-Commerce Negotiations, Congressional Research Service R46198”, https://crsreports.congress.gov/product/pdf/download/R/R46198/R46198.pdf, visited on 3 February 2020.

③ See WTO, “Communication from the European Union, Joint Statement on Electronic Commerce-EU proposal for WTO disciplines and commitments relating to electronic commerce”, INF/ECOM/22, 26 April 2019, para.2.8.1.

④ See Inside U.S. Trade, “U.S. participation in e-commerce initiative tied to ambitious outcome”, https://insidetrade.com/daily-news/us-participation-e-commerce-initiative-tied-ambitious-outcome,visited on 2 March 2020.

用数据保护法》( LEG Geralde Proteçãode Dados，LGPD ) 是巴西第一部数据保护的综合性法律，于 2018 年 8 月 14 日通过，2020 年 2 月 15 日生效，由于大量借鉴了 GDPR 的相关条文，包括国际数据传输的规定，因此被称为“巴西版 GDPR”。

对于跨境数据流动，巴西在 WTO 提案中明确指出，可以将数据流动的程度和条件作为讨论的出发点。巴西的提案还提到，尽管有人认为不应该对数据的自由流动施加任何限制，但是监管机关在履行职责时仍然会不可避免地限制数据流动。GATS 的一般和安全例外在这方面有所帮助，但这两条均非专门针对数字环境制定的。因此，考虑改进后的原则如何明确适用于数字环境的一般和安全例外可能会有所帮助。① 可见，巴西在跨境数据流动问题上的谈判立场与欧盟比较接近。

巴西在先后提交的 4 份 WTO 提案中明确了有关其他议题的立场。其中两份提案为“电子商务与知识产权”，强调 WTO 在实施版权规则和营造数字环境方面可能趋于一致的三个领域，即透明度、管辖权、权利义务的平衡。② 另外两份提案则阐述了其认为探索性工作应有的范

---

① See WTO, “Non-Paper from Brazil, Exploratory Work on Electronic Commerce”, JOB/GC/176 (INF/ECOM/3), 12 April 2018.

② See WTO, “Communication from Brazil, Joint Statement on Electronic Commerce, Electronic Commerce and Copyright”, JOB/GC/200 (INF/ECOM/16), 21 September 2018; “Communication from Brazil and Argentina, Joint Statement on Electronic Commerce, Electronic Commerce and Copyright”, JOB/GC/200/Rev.1(INF/ECOM/16/Rev.1), 24 September 2018.

围、原则以及主要谈判内容，包括四大谈判支柱：（1）市场准入，可以根据 GATT 和 GATS 现行规则开展市场准入谈判工作，原则上不需要制定新的规则；（2）电子商务便利化，包括促成电子商务实现的各种事项；（3）电子商务的发展，电子商务的进一步发展与一些关键领域的发展密切相关。这一领域的问题属于“自身问题”，需要在制定规则之前进行具体审议；（4）电子商务参考文件，这一支柱包括电子商务的核心议题，很可能需要制定规则。① 巴西还列举了电子商务协定文本应当纳入的具体条文，包括以电子方式跨境传输信息、网络安全等。②

### （三）发展中经济体

多数新兴经济体在高标准规则上比较谨慎。但是由于数字经济和贸易发展水平和阶段不同，以及价值取向的差异，发展中经济体之间很难在谈判中形成一致的立场。

#### 1. 俄罗斯

俄罗斯指出探索性工作应当基于审查和分析电子商务相关 WTO 协定与该领域现有障碍之间的差距，并将电子商务议题分为两类：（1）在 WTO 框架内但需要针对电子商务的特殊性进一步澄清的事项，如关税征收、海关估价、知识产权保护、GATS 承诺的适用等；（2）现有 WTO 规则未涵盖但与电子商务相关的事项，如电子签名的认证和承认、

① See WTO, “Non-Paper from Brazil, Exploratory Work on Electronic Commerce”, JOB/GC/176 (INF/ECOM/3), 12 April 2018.

② See WTO, “Communication from Brazil, Joint Statement on Electronic Commerce”, JOB/GC/203 (INF/ECOM/17), 30 October 2018.

电子支付、个人数据保护、消费者保护、安全数据流动。① 至于何为“安全数据流动”，俄罗斯并未进一步说明。此外，俄罗斯专门针对消费者保护原则提交了提案。②

值得关注的是，俄罗斯是强行实施数据本地化的典型代表，特别是2013年“棱镜门事件”之后，基于维护国家安全的历史传统以及应对网络威胁的现实需要，俄罗斯通过修改法律不断强化数据本地化，例如颁布《关于修改俄罗斯联邦某些法律以明确信息通信网络中个人数据处理规范的第242-FZ号联邦法》，要求任何收集俄罗斯公民个人信息的运营者必须将数据存储在位于俄罗斯境内的数据库，③ 确立了俄罗斯数据本地化制度，该法也被称为“数据本地化法”。2015年8月，俄罗斯通信和大众传媒部发布指南，具体阐明了第242-FZ号联邦法实施的新的数据本地化要求，并明确了第242-FZ号联邦法不会影响个人数据跨境传输的现行法律法规④，2006年《关于个人数据的第152-FZ号联邦法》的规定仍然适用，即在符合条件的情况下个人数据可以跨境传输。⑤ 同

① See WTO, “Communication from the Russia Federation, Joint Statement on Electronic Commerce Initiative”, JOB/GC/181 (INF/ECOM/8), 16 April 2018, pp.1—2.

② See WTO, “Communication from the Russia Federation, Joint Statement on Electronic Commerce Initiative”, JOB/GC/190 (INF/ECOM/12), 18 June 2018, pp.1—2.

③ See Federal Law No. 242-FZ of July 21, 2014 on Amending Some Legislative Acts of the Russian Federation in as Much as It Concerns Updating the Procedure for Personal Data Processing in Information-Telecommunication Networks, Art. 1.

④ 指南主要以常见问题解答的形式用俄语公布在官网上。See Duane Morris, “Russia’s New Personal Data Localization Law Goes into Effect”, https://www.duanemorris.com/alerts/russia_personal_data_localization_law_goes_into_effect_1015.html, visited on 1 March 2020.

⑤ See Federal Law No. 152-FZ of July 21, 2006 on Personal Data, Art. 12.

时，俄罗斯的提案提出了安全数据流动的主张，意味着俄罗斯并不反对就跨境数据流动规则开展谈判。

2. 印度尼西亚

印度尼西亚是 2019 年《联合声明》发布后加入的成员。印度尼西亚重点关注能力建设和技术援助、数字贸易便利化、电子传输海关关税、电子交易框架等议题。① 印度尼西亚明确反对将电子传输免关税永久化，认为这一问题超出了财政收入层面，还会引发诸如国家主权的担忧，对此需要一定程度的灵活性，建议“维持目前不对电子传输增收关税的做法，不包括电子传输的内容”。② 印度尼西亚认为，WTO 电子商务谈判必须考虑发展中成员的发展和政策空间需要，平衡考虑经济、安全和发展各个方面；作为多边主义的一次试验，实现高标准的谈判成果应与其他 WTO 成员更广泛参与相平衡，并应能够弥合参与者之间的分歧。③ 这一态度在发展中成员中颇具代表性。

① See Hari Prabowo, “E-Commerce in Post COVID-19 Era”, submitted by Indonesia at Preparatory Meeting for the Symposium on APEC Supporting the WTO Negotiations on Trade Related Aspects of E-Commerce, 2 February 2021, 2021/CTI/SYM/PM/006, http://mddb.apec.org/Documents/2021/CTI/SYM1-PM/21_cti_sym1_pm_006.pdf, visited on 21 June 2021.

② See Inside U.S. Trade, “Indonesia joins WTO E-Commerce Talks Despite Opposition to Permanent Moratorium”, https://insidetrade.com/daily-news/indonesia-joins-wto-e-commerce-talks-despite-opposition-permanent-moratorium, visited on 5 February 2020.

③ See Hari Prabowo, “E-Commerce in Post COVID-19 Era”, submitted by Indonesia at Preparatory Meeting for the Symposium on APEC Supporting the WTO Negotiations on Trade Related Aspects of E-Commerce, 2 February 2021, 2021/CTI/SYM/PM/006, http://mddb.apec.org/Documents/2021/CTI/SYM1-PM/21_cti_sym1_pm_006.pdf, visited on 21 June 2021.

3. 中国

中国是电子商务大国，但优势主要在货物贸易领域。中国着重关注互联网支持的跨境货物贸易，以及相关的支付和物流服务，同时关注服务贸易的数字化趋势。①2020 年 12 月公布的 WTO 电子商务谈判合并案文显示，中国围绕上述议题提出了不少独特的条款，如电子支付服务、物流服务、贸易便利化及支持服务、网络设备和产品等。② 至于数据流动、数据存储、数字产品待遇等问题，考虑到其复杂性和敏感性，以及各成员之间的意见分歧，中国认为提交 WTO 谈判前需要更多的探索性讨论。③

对于谈判过程和方向，中国强调，谈判应该是公开的、包容的和透明的，通过精心设计的框架和灵活的方法落实谈判结果，确保感兴趣的成员参与整个过程。谈判应设定合理的目标水平，充分考虑会员的监管权，在技术进步、业务发展和成员合法的公共政策目标（如网络主权、数据安全、隐私保护等）之间取得平衡，并通过平等协商达成反映所有成员利益的平衡、务实的结果。谈判应当在现有 WTO 协议和框架的基础上，坚持发展层面，充分考虑发展中成员面临的困难和挑战，包括目

① See WTO, “Communication from China, Joint Statement on Electronic Commerce”, INF/ECOM/19, 24 April 2019, paras. 2.5.

② See WTO, “WTO Electronic Commerce Negotiations Consolidated Negotiating Text”, INF/ECOM/62/Rev.1, 14 December 2020.

③ See WTO, “Communication from China, Joint Statement on Electronic Commerce”, INF/ECOM/19, 24 April 2019, paras. 4.2.

前尚未加入谈判的成员，特别是最不发达国家。①

由此可见，主要参加方对WTO电子商务谈判有一定共识，但分歧相当明显。共识主要反映在浅层规则上，包括：（1）贸易便利化措施，如电子签名和认证、电子支付、无纸化贸易；（2）增强消费者信心的措施，如在线消费者保护、个人信息保护；（3）增强透明度的措施，如公布电子商务相关措施；（4）发展与合作，如技术援助和能力建设。分歧主要反映在深层规则上，焦点是跨境数据流动、数据本地化、源代码保护、电子传输免关税永久化等，协调各方立场将是谈判的重中之重。此外，参加方还提出了许多新的议题，如网络中立、开放网络、加密技术、基础设施鸿沟、标准与互操作性等，其中有些连高标准的区域贸易协定都尚未涉足。

必须看到，WTO电子商务谈判参加方的分歧折射出的是各成员国内法律制度的巨大差异。对此，想要实现法律制度的相互融合是不可能的，特别是不同经济体制下的法律制度更难融合，唯一可行的就是构建共存，即利用具体的贸易规则体现不同法律制度和监管模式的关切。构建共存离不开包容性解决方案。而且包容性解决方案应当是全方位的体系，在协定类型、承诺框架、具体条款上增强包容性。WTO电子商务谈判参加方只有共同努力，尽力促成包容性机制被广泛接受，并积极探索其他包容性解决方案，才能推动谈判达成较高标准的协议。

① See WTO, "Communication from China, Joint Statement on Electronic Commerce", INF/ECOM/19, 24 April 2019, paras. 2.4—2.5.

总的来看，数字技术正在改变国际贸易的主体、对象和方式，电子商务越来越成为全球贸易和增长的重要驱动力。但是，围绕电子商务的国际规则仍然是初步的、不成熟的，WTO 有关电子商务的现有规则更是严重滞后于实践。而电子商务具有全球属性，相比碎片化的双边和区域规则，WTO 框架更加契合电子商务的发展需求。另一方面，在快速发展变化的数字生态系统、商业模式和监管要求下，WTO 电子商务谈判高度复杂。WTO 电子商务谈判的背后不仅是商业利益之争，还有公共政策、技术问题交织在一起，因此势必面临异常艰难的博弈。只有参加方加强政治意愿，探索包容性的解决方案，在技术进步、商业发展以及成员的合法公共政策目标之间取得平衡，谈判才能最终取得成果，将电子商务的增长潜力变成现实，让各方共享电子商务发展的红利。

## 第二节　印太经济框架数字经济规则

2022 年 5 月，美国与日本、印度和澳大利亚等 12 个印太地区国家宣布启动“印太经济框架”（IPEF），① 引发广泛讨论。IPEF 将填补美国退出《跨太平洋伙伴关系协定》（TPP）的空白，与《美墨加协定》（USMCA）、“美洲经济繁荣伙伴关系”、美欧贸易和技术委员会等机制一道，形成美国在美洲、欧洲和亚太地区的全球布局联动。IPEF 受到

① IPEF 的 13 个创始成员方分别是美国、澳大利亚、文莱、印度、印度尼西亚、日本、韩国、马来西亚、新西兰、菲律宾、新加坡、泰国和越南。后来斐济加入，目前共有 14 个成员。

高度关注，原因在于 IPEF 不仅是美国印太战略的经济支柱，而且是一种超越传统自贸协定的新合作方式。这种新合作方式不涉及市场准入或关税减让，更多的是一种强调价值观标准的经贸安排。在地缘政治紧张局势和贸易武器化趋势日益加剧的时代，这种非传统经贸安排似乎正在取代传统自贸协定。

数字经济是 IPEF 的重点之一。美国作为全球数字贸易规则的旗手，自 TPP（后改组为 CPTPP）电子商务章起，一直在加快推动和强势引领规则的制定，不断推高保护和促进数字贸易的标准。虽然数字贸易规则相对传统贸易规则而言已然是“新规则”，但美式数字贸易规则仍然脱胎于传统贸易协定。在 IPEF 下，美式数字贸易规则是否会和美国整体贸易政策一样发生转向，以及如何发生转变，是值得重点关注的问题。

## 一、印太经济框架：美国转向非传统经贸安排的风向标

由于经济和地缘政治原因以及 WTO 谈判进展缓慢，20 世纪 90 年代以来，各国积极寻求建立贸易集团，自贸协定数量明显增加，① 通过减少或消除关税和非关税壁垒，作出超越 WTO 的市场准入承诺，即 WTO+、WTO–X 的自贸协定②，不断深化双边和区域经济一体化。美国也一直高举自由贸易的大旗，支持签署双多边自贸协定，大力推广以

① See WTO, “RTAs currently in force (by year of entry into force), 1948—2022”, http://rtais.wto.org/UI/PublicMaintainRTAHome.aspx, visited on 14 December 2022.

② See André Sapir, Henrik Horn and Petros C. Mavroidis, “Beyond the WTO? An Anatomy of EU and US Preferential Trade Agreements”, *The World Economy*, 2010, 33(11):1565—1588.

负面清单为核心的《北美自贸协定》(NAFTA)模式，后将NAFTA改头换面为USMCA，并推动TPP、TTIP和TISA等超大型贸易协定的谈判，致力于通过缔结自贸协定持续推动贸易自由化。

然而，美国国内对传统贸易政策的质疑声不断高涨，全球化的“失意者”强烈反对自由贸易。奥巴马执政之初就开始关注美国利益受损经济阶层的状况，并在执政中后期采取了“中产阶级经济学”框架下的贸易政策。① 特朗普政府上台后，逐渐抛弃了坚持多年的贸易政策立场，宣布退出TPP，采取“美国优先”的贸易政策，从“自由贸易”转向“公平贸易”，并发动了对华贸易战。拜登政府执政以来，积极推动“以工人为中心”的贸易政策，其政策理念基本延续“公平贸易”的基调，对华战略继续保持强硬路线。美国贸易代表戴琪(Katherine Tai)明确指出，以积极的自由化和取消关税为标志的传统贸易方式带来了巨大成本，未能解决像中国采取的那些扭曲贸易的做法，因此拜登政府有必要对过去的贸易手法进行调整。②

在这一导向下，拜登政府传统自贸协定谈判基本止步不前，转向寻求建立新的贸易集团，即更加广泛、更不固定的经济合作框架或者合作

① 孙天昊:《美国贸易政策嬗变的政治经济学分析——基于经济阶层和党派利益的研究视角》，载《美国研究》2022年第4期。

② See USTR, “Remarks by Ambassador Katherine Tai at the Roosevelt Institute’s Progressive Industrial Policy Conference”, October 2022, https://ustr.gov/about-us/policy-offices/press-office/speeches-and-remarks/2022/october/remarks-ambassador-katherine-tai-roosevelt-institutes-progressive-industrial-policy-conference, visited on 14 December 2022.

委员会。对于印太地区，美国提出了 IPEF 作为其主要的区域贸易倡议。对于欧洲，拜登政府上台之处就成立了美欧贸易和技术委员会，而非试图重启 TTIP 谈判，以推动跨大西洋伙伴关系重回正轨。对于日本，尽管美日两国关系密切，且 2019 年 10 月签署的“迷你版”自贸协定仅适用于某些农产品和工业品，但美国和日本没有达成自贸协定的预期，相反，两国于 2021 年 4 月建立了“美日竞争力和复原力伙伴关系”，并于 2022 年 7 月召开了美日经济政策磋商委员会，以扩大和深化经济合作。对于美洲，即使美国已与 12 个美洲国家缔结了自贸协定，其仍于 2022 年 6 月推出“美洲经济繁荣伙伴关系”，以打造“美洲版”的 IPEF。

美国相继推出一系列新的经济合作框架或者合作委员会，表明其正在逐步转向非传统经贸安排。其中，IPEF 是这一转向的重要标志，不仅因为 IPEF 具有重要的战略和经济意义，也是因为其与传统自贸协定的架构更为接近，可能并非全然是原则性的合作框架。而相比传统的自贸协定，美国以 IPEF 为代表的新方式推动与伙伴国的合作，主要表现出以下几个方面的不同之处：

第一，合作议题更加广泛，不限于贸易领域。IPEF 有四大支柱，除了涉及数字经济、新兴技术、劳工标准、环境标准、贸易便利化、透明度、良好监管实践等贸易议题之外，还包含三大非贸易支柱，分别是供应链、清洁经济、公平经济。美欧贸易和技术委员会有十个工作组，涉及技术标准、气候和绿色技术、安全供应链、信息通信技术与服务的安全和竞争力、数据治理和技术平台监管、出口管制、投资审查等领域。“美日竞争力和复原力伙伴关系”的合作包括下一代移动网络、新兴技术研发、数字互联互通、供应链安全、疫情应对、清洁能源等方面。这些议题远远超出了贸易范畴，这是因为：一方面，许多国家在其国内贸易保护主义抬头的情况下，已没有能力和意愿进一步开放市场，必须寻求其他合作手段；另一方面，应对全球贸易挑战正在成为一个系统性工程，数字、环境、安全等议题与贸易议题更紧密地交织在一起，非贸易议题是解决贸易问题的重要一环，反之也是如此。

第二，合作方式更加松散，不涉及市场准入。美国政府通过行政行动推出上述举措，可能不需要国会批准，这一路径有助于避开 TPP 等协定在国会面临的政治障碍，但也意味着美国不能提供更多的市场准入或任何其他需要修改美国法律的让步。取而代之的是成员方承诺在一系列经贸问题上开展合作，以及进行一些联合研究和投资。例如，美国起初就明确 IPEF 不是传统贸易协定，并采用“菜单式”框架，参加方可以选择其想要加入的支柱，且没有义务进入所有四个支柱，当然目前只有印度缺席 IPEF 贸易支柱，其他成员方均参加了所有四个支柱。再如，美国和日本承诺提供 45 亿美元给“竞争力和复原力伙伴关系”，用于 5G 及以上的下一代移动网络的研究、开发和部署。① 松散的经济合作回避了贸易自由化和市场准入，但正在试图影响贸易流动并

① See the White House, “Fact Sheet: U.S.-Japan Competitiveness and Resilience (CoRe) Partnership”, 16 April 2021, https://www.whitehouse.gov/briefing-room/statements-releases/2021/04/16/fact-sheet-u-s-japan-competitiveness-and-resilience-core-partnership/, visited on 14 December 2022.

建立贸易集团。相比通过关税和非关税壁垒来调节贸易流动，技术标准、出口管制、透明度要求、投资审查、劳工和环境标准等手段有时可能会对贸易流动的方式和地点产生更重要的影响，因为经济一体化的深化不是贸易壁垒减少的结果，而是对与遵守类似技术标准、劳工保护、环境保护的伙伴国开展业务的需要或愿望的回应。由于需要遵守共同商定的出口管制或环境要求，与贸易集团以外国家的贸易可能会受到抑制。①

第三，打压中国意图明确，地缘政治化明显。美国推动“阵营化”和“小圈子”，谋求通过价值观贸易，与中国进行战略竞争，是近年来美国贸易政策明显不同于以往之处，不但 IPEF 如此，美欧贸易和技术委员会、美日经济政策磋商委员会等国际协调机制也是如此。美国及其伙伴国采取上述合作行动，是要阻断中国的技术创新进程、削弱中国的发展势头、遏制中国地缘政治与地缘经济“扩张”、“封锁”中国经济的增长空间和水平。② 再加上单边措施，共同起到打压中国的作用。例如，美国最近通过的《芯片和科学法案》，为在美建立芯片制造厂的企业提供 520 亿美元的补贴，条件是这些企业 10 年内不得在中国扩大或升级先进芯片制造，因此，三星和 SK 海力士正在重新考虑它们对中国市场

① See Stephen Olson, “Forget about free trade agreements”, 23 August 2022, https://www.hinrichfoundation.com/research/article/ftas/free-trade-agreements-us/, visited on 19 October 2022.

② 张宇燕、冯维江：《从“接触”到“规锁”：美国对华战略意图及中美博弈的四种前景》，载《清华金融评论》2018 年第 7 期。

的计划。①

当然，相比传统的贸易工具，IPEF 等非传统经贸安排的软性合作能否成形还未可知。一是经济合作框架或者合作委员会的模式能否有效影响贸易有待观察。以贸易自由化和削减关税为核心的传统贸易协定对贸易流动的效应已经得到验证。② 而 IPEF 等采取的技术标准、出口管制、透明度要求、投资审查、劳工和环境标准等手段对贸易流动产生的影响，尚未被充分证明。二是经济合作框架或者合作委员会的模式能否成形的问题。印太经济框架涉及面宽，雄心很高，但又缺乏具体目标，约束力比较弱，可能也没有执行机制，其他合作举措都是如此。通过行政行动推进上述举措也导致参加方担心其可能容易受到美国国内政治的影响，或者未来的政府可能回撤甚至放弃。因此，美国试图说服各参加方做出可能与其认为的短期政治或经济利益背道而驰的承诺将会面临很大阻力，如数字贸易、劳工和环境标准等高标准条款。最终，这些合作会形成什么样的成果还不甚明朗。尽管存在诸多不确定性，以 IPEF 为代表的非传统经贸安排的出现，仍然是全球贸易格局中值得密切关注的重大变化。虽然现在下结论还为时过早，但美国可能正处于非传统经贸安排或者说后自贸协定时代的边缘。

---

① See Stephen Olson, “Forget about free trade agreements”, 23 August 2022, https://www.hinrichfoundation.com/research/article/ftas/free-trade-agreements-us/, visited on 19 October 2022.

② See Scott L. Baier, Jeffrey H. Bergstrand, “Do free trade agreements actually increase members’ international trade?” *Journal of international Economics*, 2007, 71(1): 72—95.

在诸多合作议题中，数字经济是重中之重，不仅涉及数字技术的标准、安全、供应链等方面的合作，也涉及数字基础设施的连通以及数据治理的协调。美国是数字经济第一大国，数字部门是美国经济实力的关键来源，代表着美国蓬勃发展的出口市场，也是美国全球软硬实力的核心支柱，因此在数字经济方面取得进展对于美国新贸易集团的整体成功至关重要。IPEF 尤其如此。IPEF 不仅为拜登政府的印太战略增加了急需的经贸维度，更是塑造数字经济新规则和新思维、巩固数字经济领导力的关键工具。美国贸易代表戴琪曾指出，考虑到数字经济在当今全球市场中发挥的突出作用及其如何影响美国的工人、消费者和企业，数字经济尤其代表了美国需要与 IPEF 伙伴共同合作的领域，并承诺“解决数字经济中的问题，这将有助于在关键市场之间建立连接和信任”。① 为此，美国将致力于在 IPEF 下培育以数据自由流动为特色的开放型数字经济，巩固其利益并充分释放数字市场潜力。

## 二、印太经济框架数字经济规则：既有模板和发展动向

围绕数字经济标准和规则制定开展合作，并致力于确保安全和弹性的供应链，是 IPEF 的重点之一。印太数字市场的巨大潜力将促使美国强势推动 IPEF 数字经济规则制定。印太地区是美国经济现在和未来的主要市场。美国经济分析局的数据显示，2020 年 IPEF 的 12 个创始成员

① See the White House, “On-the-Record Press Call on the Launch of the Indo-Pacific Economic Framework”, 23 May 2022, https://www.whitehouse.gov/briefing-room/press-briefings/2022/05/23/on-the-record-press-call-on-the-launch-of-the-indo-pacific-economic-framework/, visited on 6 June 2022.

方给美国信息通讯技术（ICT）服务出口和潜在的ICT服务出口带来687亿美元收入。除中国外，2020年亚太地区给美国带来的ICT服务和潜在ICT服务出口收入约为1447亿美元。① 随着印太数字市场持续扩大，未来几年美国的出口额还会进一步增长。在美国主导的新合作方式下，IPEF数字经济规则基于已有的美式数字贸易规则，将进一步推动有关数字贸易壁垒、数字基础设施、数字包容性、数字技术等的规制与合作。

### （一）IPEF数字经济规则的模板：守正与创新

IPEF数字经济规则取得进展对于推广美式数字贸易规则至关重要。随着数字经济贸易对整体增长和经济发展的作用日益凸显，IPEF参加方正在积极制定数字治理框架。参加方面临着在截然不同的路径之间做出选择，主要包括优先考虑开放互联网和数据自由流动的美国模式（与日本提出的可信数据自由流动框架一致），强调消费者保护和数据隐私的欧盟模式，以及强调网络安全的中国模式。美国能否以及如何抓住这个机会，为其主导的数字经济规则争取更多支持，通过迅速行动鼓励印太地区主要发展中经济体转向美国模式，而非欧盟模式或中国模式，是一个关键挑战。

美国模式数字贸易规则以TPP、USMCA和《美日数字贸易协定》为代表，其基本特点是高标准、“硬”约束，核心内容是跨境数据自由

① See Amir Nasr, “The Digital Economy Should be Front and Center for the Indo-Pacific Economic Framework”, https://www.project-disco.org/21st-century-trade/060122-the-digital-economy-should-be-front-and-center-for-the-indo-pacific-economic-framework/, visited on 6 June 2022.

流动和禁止数据本地化，并不断推高有关数据流动、数字平台、数字技术的规则水平。美式数字贸易规则已被多数 IPEF 成员方接受。《韩国—美国自贸协定》电子商务章属于互联网时代美式数字贸易规则的早期版本，虽然当时的跨境数据流动条款不具有强制约束力，但从《韩国—新加坡数字伙伴协定》来看①，韩国可以接受有约束力的跨境数据流动和数据本地化条款。日本、澳大利亚、新加坡、新西兰、文莱、马来西亚和越南等六个 IPEF 成员方是 CPTPP 成员方，已经接受美式高标准数字贸易规则。印度没有参加 IPEF 贸易支柱。因此，IPEF 数字经济规则是否能取得更大进展，关键在于印度尼西亚、菲律宾、泰国、斐济等成员方能否接受。

美国决定避开传统贸易协定并取消增加市场准入，可能是 IPEF 在传统美国模式的基础上达成更高标准数字经济规则的一大障碍。因为印度尼西亚、菲律宾、泰国等发展中经济体重点关注更大的市场准入，不谈市场准入就意味着没有直接获益，不足以让他们接受劳工、环境标准等贸易支柱的其他繁重条款，而且他们也不愿承担跨境数据流动的政治风险。对此，美国战略与国际研究中心（CSIS）曾建议将数字经济与贸易支柱分开，作为一个独立的支柱，同时基础设施的支柱仍可能为参与方提供与数字经济相关的好处。② 如果把数字经济作为独立支柱，将在短期

① See Korea-Singapore Digital Partnership Agreement, Art. 14.14, 14.15.

② See Andreyka Natalegawa and Gregory B. Poling, “The Indo-Pacific Economic Framework & Digital Trade in Southeast Asia”, Center for Strategic and International Studies (CSIS) (2022), https://www.jstor.org/stable/resrep41411, visited on 19 December 2022.

内提供互惠互利，并使美国谈判更高标准的数字经济协议更加容易。目前看来，IPEF 基本上是维持现有的框架，那么，美国、日本、澳大利亚、新西兰、新加坡、韩国这些发达经济之间有可能接受更高标准的数字经济规则，但很难吸引一些发展中成员，除非用其他方面的利益进行交换。

为了克服 IPEF 推广传统美式数字贸易规则可能面临的阻碍，美国也可能会考虑创新模板，兼采新加坡主导的数字经济伙伴关系协定（DEPA）模式。DEPA 是数字经济规则的新模式，旨在通过模块化、“软”约束的方法来制定新规则。相比美式数字贸易规则，DEPA 内容更加丰富，不仅包含跨境数据流动、数据本地化、个人信息保护、在线消费者保护、网络安全等美式数字贸易规则，还增加了电子支付、电子发票、单一窗口数据交换等数字贸易新规则，并纳入了数字身份、数据创新、人工智能、数字包容性等更广泛的数字经济新议题，聚焦促进新兴数字领域的合作，增强数字系统之间的互操作性。2020 年以来，DEPA 模式取得较快进展，新加坡—智利—新西兰、新加坡—澳大利亚、新加坡—英国之间的协定均已生效，新加坡—韩国协定也已签署，中国、加拿大正式申请加入。

采用 DEPA 模式谈判印太地区数字贸易协定的主张，在 IPEF 正式启动之前就已出现。拜登政府考虑在印太地区谈判数字贸易协定期间①，澳大利亚、新加坡等国与美国积极讨论以 DEPA 为模板加快

① See Inside U.S. Trade, “Tai: U.S. ‘actively working’ with partners to establish digital trade rules”, https://insidetrade.com/daily-news/tai-us-%E2%80%98actively-working%E2%80%99-partners-establish-digital-trade-rules, visited on 19 December 2022.

缔结协定。① 美国国内学界也纷纷建言，支持美国加入DEPA，或者以DEPA为模板开展谈判。②DEPA模式与IPEF框架高度契合：一是DEPA在规则制定上的“软”方法适合IPEF软性合作模式，采用软法规范可以为达成高标准数字经济规则提供潜在的路径；二是DEPA在规则议题上的“广”覆盖适合IPEF经济合作框架，特别是其数字经济新议题可以为应对快速发展的数字经济提供对话的平台，美国还可以在数字治理领域追求更广泛的利益，而不仅局限于商业利益；三是DEPA中小企业合作、数字包容性等议题可以服务于“以工人为中心”的贸易政策，而现有贸易协定未能充分体现工人在数字贸易中的重要作用。③ 因此，无论DEPA模式是否会被直接采用，其对IPEF形成数字经济规则都将是重要参考。

### （二）IPEF数字经济规则的内容：新动向和新特点

IPEF贸易支柱首次线下部长级会议声明显示，数字经济板块将通过以下方式推进包容性数字贸易：建立数字经济信任和信心环境；加强

① See Denham Sadler, “Aust presses US for regional digital trade pact”, 4 August 2021, https://www.innovationaus.com/australia-presses-us-for-regional-digital-trade-pact/, visited on 19 December 2022.

② See Wendy Cutler and Joshua P. Meltzer, “Digital trade deal ripe for the Indo-Pacific”, 5 April 2021, https://www.brookings.edu/opinions/digital-trade-deal-ripe-for-the-indo-pacific/, visited on 19 December 2022; Matthew P. Goodman, “DEPA and the Path Back to TPP”, https://www.csis.org/analysis/depa-and-path-back-tpp, visited on 19 December 2022.

③ See Inside U.S. Trade, “Nascent Asia-Pacific digital initiative raises questions”, https://insidetrade.com/daily-news/nascent-asia-pacific-digital-initiative-raises-questions, visited on 20 December 2022.

在线信息的获取和互联网的使用；便利数字贸易；解决歧视性做法；推动弹性和安全的数字基础设施和平台。IPEF 将努力支持和促进以下方面：（1）可信和安全的跨境数据流动；（2）数字经济的包容性、可持续增长；（3）负责任地开发和使用新兴技术。IPEF 认识到数字技术的快速发展和实现公共政策目标的灵活性需求，包括保护多元化社区的权利和利益。IPEF 将分享数字经济领域的监管方法和政策问题的最佳实践，并在一系列问题上开展合作，包括业务推广、标准以及中小微企业和初创企业。① 数字经济规则主要在贸易支柱内谈判，但一些数字经济相关举措也可能会进入其他支柱，如供应链支柱也涉及数字基础设施。②

上述声明为 IPEF 数字经济规则谈判提供了初步框架，虽然涵盖的内容相当广泛，但是对比已有的美式数字贸易规则，仍然可以看出其为 IPEF 数字经济规则谈判确立的新方向：

**1. 跨境数据流动和数据本地化**

美国一贯主张跨境数据自由流动和禁止数据本地化，并通过扩大数据的适用范围（如扩大适用于金融数据）、限缩例外条款的使用（如取消数据本地化的例外条款）等方式不断推高规则水平。在 IPEF 数字经

① See USTR, "Ministerial Texts for Trade Pillar of the Indo-Pacific Economic Framework for Prosperity", https://ustr.gov/about-us/policy-offices/press-office/press-releases/2022/september/indo-pacific-economic-framework-prosperity-biden-harris-administrations-negotiating-goals-connected, visited on 14 December 2022.

② See USTR, "Ministerial Texts for Supply Chains Pillar of the Indo-Pacific Economic Framework for Prosperity", https://www.commerce.gov/sites/default/files/2022-09/Pillar-II-Ministerial-Statement.pdf, visited on 14 December 2022.

济规则谈判中，美国仍将把跨境数据流动和数据本地化作为重点。美国贸易代表戴琪在 IPEF 首次线下部长级会议发言中指出，IPEF 将在关键市场之间建立连通和信任，包括跨境数据流动和数据本地化的标准。[①] 可以预测，跨境数据流动和数据本地化的基本规则确立之后，相关标准将是下一步各方争夺的重点。跨境数据流动和数据本地化相关标准主要涉及数据安全、数据保护和隐私、云服务数据处理等方面。美国通过将上述标准的基本要件写入相应规则，有利于增强细化跨境数据流动和数据本地化规则的可操作性和互操作性。

值得一提的是，美国致力于将 APEC 跨境隐私规则（Cross Border Privacy Rules, CBPR）体系确立为跨境数据流动的主要标准之一，IPEF 数字经济规则可能会对此有所体现。2022 年 4 月，美国商务部发布《全球跨境隐私规则声明》[②]，旨在建立全球 CBPR 论坛，以促进互操作性，弥合数据保护和隐私的监管方法差异。全球 CBPR 论坛将建立基于 CBPR 体系和处理者隐私认可（Privacy Recognition for Processors, PRP）机制的国际认证体系，通过推广 CBPR 体系和 PRP 机制，支持数据的自由流动以及有效的数据和隐私保护。美国建立全球 CBPR 论坛的实质

① See USTR, "Remarks by Ambassador Katherine Tai at the Indo-Pacific Economic Framework Ministerial Welcome Event", https://ustr.gov/about-us/policy-offices/press-office/speeches-and-remarks/2022/september/remarks-ambassador-katherine-tai-indo-pacific-economic-framework-ministerial-welcome-event, visited on 20 December 2022.

② See U.S. Department of Commerce, "Global Cross-Border Privacy Rules Declaration", https://www.commerce.gov/global-cross-border-privacy-rules-declaration, visited on 21 December 2022.

是将 APEC 框架下的 CBPR 体系变成一个向所有国家或经济体开放的体系，并试图主导 CBPR 体系，以对抗欧盟模式和中国模式的影响力。

2. 歧视性做法

美国数字贸易政策和规则的核心关切之一是消除歧视性做法，即以牺牲来自其他国家的商品、服务或知识产权为代价，保护、支持或刺激国内产业、服务提供商等。尽管 CPTPP、USMCA 等美式数字贸易规则通过数字产品非歧视待遇、源代码、加密信息通讯技术产品等条款对歧视性做法进行了一定约束，但实践中仍然不少此类做法①，需要通过 IPEF 对成员方加以规范。这些歧视性做法主要包括：

（1）内容本地化要求。内容本地化要求是政府明确要求企业使用特定百分比或配额的本地数字投入，或者包含本地数字内容，例如本地开发的应用程序或视听内容，这些限制会阻碍在线业务的开展。因此，作为全球内容市场的世界霸主，美国高度关注内容本地化要求对数字内容提供商的影响，例如印度尼西亚②、韩国③等 IPEF 成员方对本土视听服务比例的要求。

（2）当地存在要求。当地存在要求是指政府要求离岸服务和数字提供商等必须在当地开办企业，以确保其有效遵守当地法律。近年来，数

① See USITC, “Global Digital Trade 1: Market Opportunities and Key Foreign Trade Restrictions”, August 2017, pp.272—273.

② See USTR, “2022 National Trade Estimate Report”, p.274.

③ Ibid, p.323.

字化程度的提高正在改变商业模式，为服务贸易的跨境提供（模式 3）带来了更多可能性，跨境提供的占比将越来越高。在这一趋势下，数字服务领域的当地存在要求可能会被视为歧视性做法。例如，2021 年泰国颁布数字平台皇家法令草案，对外国企业施加包括当地存在在内的若干限制性规定。①

（3）本地企业政府采购优惠。政府采购是数字公司销售软硬件的重要市场。将政府采购定向到本地数字企业或者通过政府采购支持本地企业，例如为本地 ICT 企业或者内容企业提供政府采购优惠，将会影响其他国家企业在当地市场的竞争力。在实践中，印度尼西亚等 IPEF 成员方存在对外国软件产品的政府采购限制。②

（4）技术转让或歧视性要求。技术转让要求包括强制转让技术、商业秘密或其他专有信息的要求。歧视性技术要求主要是指强制要求使用国内技术的歧视性技术要求，包括源代码及算法、密码等。印度正在制定一项电子商务政策，涉及强制转让商业秘密信息、专有源代码等。③

3. 数字基础设施

原来美式数字贸易规则涉及数字基础设施的主要包括海底电缆、数字贸易网络接入和使用等。随着中美 5G 之争愈演愈烈，美国开始将信息通信技术控制权和产业主导权的争夺引入其主导的新经贸合作框架，

① See USTR, “2022 National Trade Estimate Report”, p.484.

② Ibid, p.272.

③ Ibid, p.262.

美欧贸易和技术委员会、美日竞争力和复原力伙伴关系都将5G等数字基础设施作为合作重点之一，IPEF也将如此。

（1）5G。为了对冲中国在5G技术和产品方面的竞争优势，美国联合盟友共同推动基于开放标准接口的5G替代方案——开放式无线接入网络（Open-RAN）。美国试图通过美日竞争力和复原力伙伴关系框架下的共同投资、主导发布“互联网未来宣言”①等一系列举措，并在IPEF范围内推行开放式无线接入网络，掌握主导全球的、基于价值观的数字经济标准和数字经济规则制定权。当然，由于IPEF成员方较多，经济基础和技术能力差异较大，美国在IPEF推行5G替代方案以及相关标准可能会面临很大困难。

（2）海底电缆。海底电缆是数字经济的关键基础设施，全球99%的数据通过海底电缆传输，因此被誉为“全球化看不见的动脉”。②正因如此，不同国家、企业等对于海底电缆的所有权、控制、接入乃至主权等问题的争论持续不断。美式自贸协定海底电缆条款仅涉及海底电缆登陆站的接入。③而《澳大利亚—新加坡数字经济协定》的海底电缆系

---

① See USTR, “Fact Sheet: United States and 60 Global Partners Launch Declaration for the Future of the Internet”, 28 April 2022, https://www.whitehouse.gov/briefing-room/statements-releases/2022/04/28/fact-sheet-united-states-and-60-global-partners-launch-declaration-for-the-future-of-the-internet/, visited on 15 December 2022.

② See Roxana Vatanparast, “The Infrastructures of the Global Data Economy: Undersea Cables and International Law”, https://harvardilj.org/wp-content/uploads/sites/15/Vatanparast-PDF-format.pdf, visited on 18 January 2023.

③ See USMCA, Art. 18.13.

统条款还对缔约方应当确保另一缔约方和非缔约方的船舶获得安装、维护和修理海底电缆系统的相关许可证，以及保护和减轻海底电缆系统受损的风险做出规定①，美国可能会借鉴参考。

（3）互联网连接。此前的美式数字贸易协定通过数字贸易网络接入和使用条款支持自由和开放互联网，由于该条款涉及一国的网络管理政策，具有高度敏感性和复杂性，因此往往没有强制约束力。但确保用户为合法商业目的访问网络的自由仍然是美国数字贸易政策的重要考量，因此在 IPEF 下美国将通过区域合作持续推进互联网自由和开放，对数字贸易网络接入和使用条款形成补充，包括利用支撑互联网基础设施的互联网标准和技术规范，如万维网联盟、互联网架构委员会、互联网协会等制定的标准和规范。

4. 数字技术

此前，与数字技术相关的美式规则主要包括知识产权保护、强制性技术转让、歧视性技术要求等相关规则，目的是保护企业有关数字技术的私有权利，但并没有从公共利益的角度对数字技术治理予以充分回应。另一方面，美国认为上述规则未能对维持美国的技术优势、打压中国的技术进步提供足够的支撑，因此需要与盟友合作强化数字技术相关规则。由于数字技术相关标准较之经贸规则更加具体细化，在科技竞争中的作用不断凸显，IPEF 下数字技术治理的重点可能是形成多利益相

① See Singapore-Australia Digital Economy Agreement, Art. 22.

关方参与的相关标准。

5. 数字包容性

在“以工人为中心”的贸易政策下，数字包容性将成为美国主导制定 IPEF 数字经济规则的重点议题。在数字包容性方面，DEPA 模式为 IPEF 提供了可供借鉴的模板。广义来说，DEPA 数字包容性议题包括中小企业规则和狭义的数字包容性规则，前者旨在利用数字工具和技术改善资金和信贷的获得、参与政府采购机会等举措，提升中小企业的数字经济参与度；① 后者旨在通过消除参与数字经济的障碍，提升妇女等群体的数字经济参与度，以及提高参与和支持数字经济的劳工的保护。②

IPEF 数字经济规则当中跨境数据流动、歧视性做法等相关规则仍然关系到消除数字贸易壁垒，属于典型的数字贸易规则。而数字基础设施、数字技术、数字包容性等规则内容已经脱离了传统贸易规则的范畴，将关注点转向更广泛的数字经济和治理领域，且更倾向于采用技术标准、出口管制等规制方式，并辅之以共同投资、联合研发等措施。较之消除数字贸易壁垒，技术标准、共同投资等方式可以通过形成更加紧密的合作关系，直接将非伙伴国排除在外，达到遏制中国的目的。

---

① See DEPA, Module 10.

② See DEPA, Module 11; UK-Singapore Digital Economy Agreement, Art. 8.61-P.

# 第四章

## 我国数字领域存在的限制及对外开放的进展

近年来，我国采取措施大力推进数字贸易发展和数字领域对外开放，在全球数字贸易促进指数分析的 74 个经济体中排名第 46 位。① 但是必须看到，我国数字领域仍然存在较多限制，高水平对外开放亟待突破。另一方面，国内法制建设不断完善、地方政府试点加紧进行也为我国推进数字领域高水平对外开放奠定了基础。

### 第一节　我国数字领域存在的主要限制

经合组织（OECD）、欧洲国际政治经济中心（ECIPE）的相关数字贸易限制指数显示，相比发达经济体和大部分发展中经济体，我国数字贸易的限制水平较高。具体分析两项指数的各项指标及其所涉措施，与情况类似的国家横向比较，并与发达经济体进行对照，有助于了解我国

① 全球数字贸易促进指数测量的是全球经济体在市场准入、基础设施、法律政策环境和商业环境方面，加速数字产品（服务和货物）在跨国界流动和到达最终目的地过程中的自由化和便利化程度。2021 年测算结果显示，全球排名居前的经济体仍然是以北美、欧洲和东亚发达国家为主。这表明数字贸易的综合发展水平与一国所处经济发展阶段密切相关，而与经济规模的相关性较弱。参见沈玉良：《数字贸易发展转折点：技术与规则之争——全球数字贸易促进指数分析报告（2021）》，载《世界经济研究》2022 年第 5 期。

数字领域的限制情况，以便提出推进高水平对外开放的建议和方案。必须指出的是，由于收集资料和更新数据的滞后性，以及指标设计本身的问题等方面的原因，上述两项指数并不能绝对客观地反映现实情况，仅作参考。

## 一、数字服务贸易的限制情况：以 OECD 指数为参考

OECD 数字服务贸易限制指数（Digital Services Trade Restrictiveness Index, DSTRI）对影响 82 个经济体（截至 2023 年 2 月）的数字服务贸易壁垒进行识别、分类和量化。该指数旨在为政策制定者提供一个基于证据的工具，以帮助其发现监管瓶颈、设计促进政策以及分析政策改革的影响。

### （一）指数框架和方法

#### 1. 基本框架

DSTRI 涉及的措施既包括从 OECD 服务贸易限制指数（Services Trade Restrictiveness Index, STRI）数据库提取的措施，也包括在 OECD 相关会议上由专家们识别为新出现壁垒的新措施。根据数字服务贸易的基本特点，DSTRI 的基本框架分为以下五个领域：

第一，基础设施与连接：该领域涵盖的是从事数字贸易必不可少的通信基础设施的相关措施。该领域反映了网络运营商之间互联的最佳实践在多大程度上适用于确保无缝通讯。该领域还包括限制或阻止使用通讯服务（包括虚拟专用网或租用线路）的措施。此外，该领域涵盖影响连接的政策，例如跨境数据流动和数据本地化的措施。

第二，电子交易：该领域涉及的问题包括颁发电子商务活动许可证的歧视性条件，非居民企业不能进行在线税务注册和申报，偏离国际公认的电子合同规则，阻碍使用电子认证、电子签名的措施，以及缺乏有效的争议解决机制等。

第三，支付系统：该领域包含影响通过电子方式进行支付的措施，包括与使用某些付款方式有关的措施，涉及评估经济体内支付交易安全标准是否符合国际标准。此外，该领域还涵盖其他领域未涵盖的、与网上银行有关的限制。

第四，知识产权：该领域涵盖与版权和商标有关的经济体的内部政策，这些政策在知识产权保护方面未给予外国人同等待遇。该领域还反映了是否有适当的执行机制，以解决与版权和商标有关的侵权，包括在线侵权。

第五，其他影响数字服务贸易的壁垒：该领域涵盖数字贸易的各种其他障碍，包括影响跨境数字贸易的业绩要求（例如强制使用本地软件、加密技术或强制技术转让）；下载和流媒体的限制；在线广告限制；商业或当地存在要求；缺乏针对在线反竞争行为的有效补救机制等。

需要注意的是，DSTRI 不仅涉及贸易限制措施，也涉及贸易便利化措施。其中，贸易便利措施包括执行电子合同的国际标准，认可电子认证方法，在线注册和申报税款的可能性等。采取这些措施往往会促进贸易，反过来，缺乏这些措施则被视为壁垒。当然，DSTRI 主要是为了识别贸易限制措施。

2. 编制方法

DSTRI 是将已识别的贸易壁垒汇总为综合指数的结果。形成指数包括三个关键步骤：打分、加权和汇总。评分是将定性信息转换为定量数据。加权是平衡所涉措施的相对重要性。汇总是将累积指数计算为分数的加权平均值。

打分：与 STRI 的方法一致，DSTRI 的评分使用二进制系统。对于贸易限制措施，可以使用简单的“是”或“否”回答。如果没有贸易限制，则将答案分配为 0；如果存在贸易限制，则将答案分配为 1（见图 4-1 示例）。

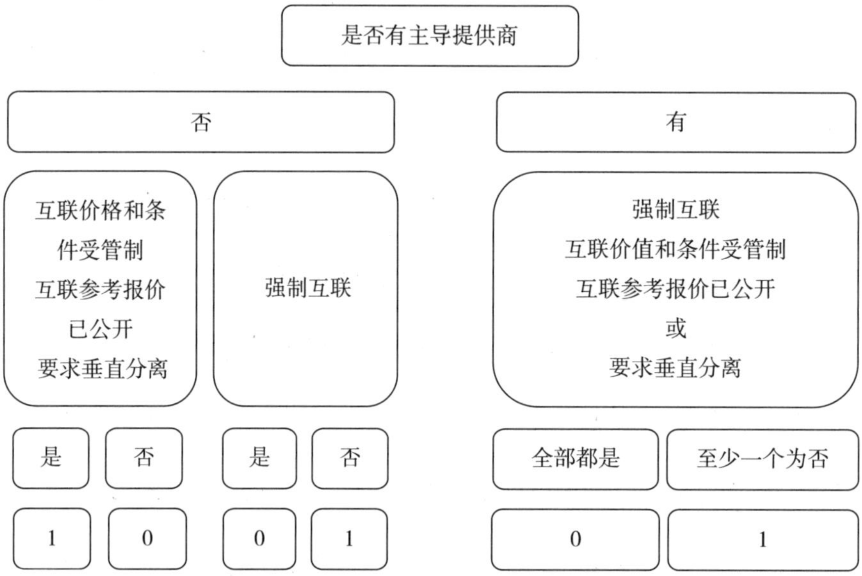

图 4-1　互联措施的打分方案

DSTRI 评分还会考虑各种措施之间的逻辑联系。例如，为跨境传输个人信息提供替代机制的法律，根据这些法律规定，可以将其个人信息传输到隐私保护法基本相似的经济体；或者在没有上述规定的情况下，允许公司在适当的保护措施（例如约束性公司规则或标准合同条款）下传输个人信息。完全禁止跨境传输的法律很少，但也并非不可能。

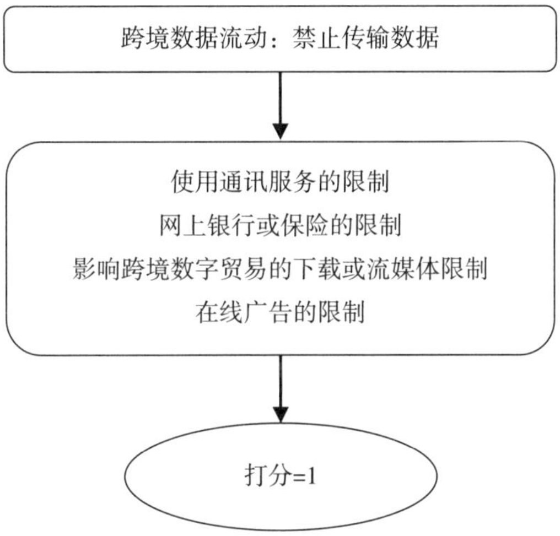


图 4-2　完全禁止跨境数据流动的打分方案

加权和汇总：编制指数还需要为指标赋予权重，以反映其在数字贸易交易中的相对重要性。根据 STRI 采用的加权方法，计算 DSTRI 的加权方案取决于专家判断。根据该方案，由专家在上述五个政策领域中分配 100 分的分值。为此，OECD 发起了一项专门调查，用于收集专家加权情况。参与的专家包括 2017 年 2 月专家组会议的参加者、OECD 服务贸易限制指数覆盖的国家的代表以及 OECD 贸易委员会工作组的其他参加者。然后，通过将政策领域的权重分配给该政策领域下的每项措施，并校正该政策领域下措施数量的差异，将调查答复转换为权重。通过使用随机权重进行 3000 次模拟实验，测试指数对加权方案的敏感性。

根据专家加权方案，与基础设施和连接相关的措施所占比重最大（55%），这反映了高质量基础设施和无缝连接对促进数字交易起到的基础作用。适用于具体措施的相等权重分别是：基础设施和连接占40%，电子交易占17%，支付系统占8%，知识产权占20%，其他影响数字服务贸易的壁垒占15%。

## （二）指数排名及分析

截至2023年2月，OECD数字服务贸易限制指数覆盖了38个OECD成员经济体和44个非成员经济体。2022年，限制指数分布在0.6465到0之间，平均为0.194。有48个经济体低于平均指数，有34个经济体高于平均指数。哈萨克斯坦的限制指数最高，即限制最多；加拿大的限制指数最低，即限制最少。

综合指数的结果主要是由基础设施和连接的相关措施决定的。特别是缺乏对互联互通的有效监管，以及对跨境数据流动施加超出确保个人数据保护和安全所必需的严苛要求。其中有27个经济体要求某些类型的数据必须存储在本地，例如财务或业务数据。当然，如果监管当局可以根据要求直接访问这些数据，则允许将副本传输至境外。

在电子交易领域，有14个经济体除了普通商业许可证之外，还需要电子商务活动的特定许可证或授权，其中4个经济体规定了适用于寻求获得此类许可证的外国实体的歧视性条件。电子认证措施已经得到普遍采用，例如电子签名的承认，但电子合同的国际标准仍然是一个挑战。约五分之一的经济体也无法进行在线税务注册和申报。

支付系统和知识产权两个政策领域所占分值较小。在支付系统领域，主要障碍包括对特定付款解决方案的外国提供商的歧视性访问或者完全禁止，以及对信用卡等常见的付款方式不适用国际安全标准。在知识产权领域，主要障碍包括未能向外国人提供知识产权保护的国民待遇的措施。

影响数字服务贸易的其他壁垒包括开展数字贸易的当地存在要求，通常是要求建立当地代表处。此外，有25个经济体存在内容下载和流媒体的限制。常见的限制包括政府主管机关过分运用监管自由裁量权来阻止对合法网站的访问，并对合法的在线内容施加限制。再者，虽然在线广告通常仍受广告活动的横向监管，新的监管措施也开始出现，包括对从外国公司购买广告服务加征歧视性税收。

逐年来看，DSTRI显示出各经济体的监管环境趋于严格。与2014年服务贸易限制指数相比，2022年有54个经济体的指数增加了，只有19个经济体的指数降低了。2014年至2022年，全球自由化程度逐渐降低，发展中经济体在降低数字贸易壁垒方面缩小了与较发达经济体之间的差距。

表4-2显示的是2022年82个经济体在五个具体政策领域的详细指数，以便呈现不同经济体之间监管环境的比较。

表 4-1　2014—2022 年 OECD 数字服务贸易限制指数

| 经济体＼年份 | 2014 | 2015 | 2016 | 2017 | 2018 | 2019 | 2020 | 2021 | 2022 |
|---|---|---|---|---|---|---|---|---|---|
| 澳大利亚 | 0.0609 | 0.0609 | 0.0609 | 0.0609 | 0.0609 | 0.0609 | 0.0609 | 0.0609 | 0.0609 |
| 奥地利 | 0.0829 | 0.0829 | 0.0829 | 0.202 | 0.202 | 0.202 | 0.202 | 0.202 | 0.202 |
| 比利时 | 0.1403 | 0.1403 | 0.1403 | 0.1403 | 0.1623 | 0.1623 | 0.1623 | 0.1623 | 0.1623 |
| 加拿大 | 0.0213 | 0.0213 | 0.0213 | 0 | 0 | 0 | 0 | 0 | 0 |
| 智利 | 0.2627 | 0.2627 | 0.2627 | 0.2627 | 0.2627 | 0.2627 | 0.2627 | 0.2627 | 0.2627 |
| 哥伦比亚 | 0.2991 | 0.2991 | 0.2991 | 0.2991 | 0.2991 | 0.2991 | 0.2991 | 0.2991 | 0.2991 |
| 哥斯达黎加 | 0.0425 | 0.0425 | 0.0425 | 0.0425 | 0.0425 | 0.0425 | 0.0425 | 0.0425 | 0.0425 |
| 捷克 | 0.141 | 0.141 | 0.141 | 0.141 | 0.163 | 0.163 | 0.163 | 0.163 | 0.163 |
| 丹麦 | 0.1219 | 0.0822 | 0.0822 | 0.0822 | 0.1042 | 0.1042 | 0.1042 | 0.1042 | 0.1042 |
| 爱沙尼亚 | 0.0609 | 0.0609 | 0.0609 | 0.0609 | 0.0829 | 0.0829 | 0.0829 | 0.0829 | 0.0829 |
| 芬兰 | 0.0794 | 0.0794 | 0.0794 | 0.0794 | 0.1013 | 0.1013 | 0.1013 | 0.123 | 0.123 |
| 法国 | 0.101 | 0.101 | 0.101 | 0.101 | 0.123 | 0.123 | 0.123 | 0.123 | 0.123 |
| 德国 | 0.1219 | 0.1219 | 0.1219 | 0.1219 | 0.1439 | 0.1439 | 0.1439 | 0.1226 | 0.1226 |
| 希腊 | 0.162 | 0.162 | 0.162 | 0.162 | 0.184 | 0.184 | 0.184 | 0.184 | 0.184 |
| 匈牙利 | 0.1436 | 0.1436 | 0.1436 | 0.1436 | 0.1655 | 0.1655 | 0.1655 | 0.1655 | 0.1655 |
| 冰岛 | 0.1479 | 0.1479 | 0.1479 | 0.267 | 0.267 | 0.267 | 0.267 | 0.267 | 0.267 |
| 爱尔兰 | 0.1219 | 0.1219 | 0.1219 | 0.1219 | 0.1439 | 0.1439 | 0.1439 | 0.1439 | 0.1439 |

续表

| 经济体 \ 年份 | 2014 | 2015 | 2016 | 2017 | 2018 | 2019 | 2020 | 2021 | 2022 |
|---|---|---|---|---|---|---|---|---|---|
| 以色列 | 0.18 | 0.18 | 0.18 | 0.18 | 0.18 | 0.18 | 0.18 | 0.18 | 0.18 |
| 意大利 | 0.1039 | 0.1039 | 0.1039 | 0.1039 | 0.1258 | 0.1258 | 0.1258 | 0.1258 | 0.1258 |
| 日本 | 0.0425 | 0.0425 | 0.0425 | 0.0822 | 0.0822 | 0.0822 | 0.0822 | 0.0822 | 0.0822 |
| 韩国 | 0.1991 | 0.1807 | 0.1807 | 0.1807 | 0.1807 | 0.2027 | 0.2027 | 0.2027 | 0.2027 |
| 拉脱维亚 | 0.0822 | 0.0822 | 0.0822 | 0.2013 | 0.2233 | 0.2233 | 0.2233 | 0.2233 | 0.2233 |
| 立陶宛 | 0.0822 | 0.0822 | 0.0822 | 0.0822 | 0.1042 | 0.1042 | 0.1042 | 0.1042 | 0.1042 |
| 卢森堡 | 0.0609 | 0.0609 | 0.0609 | 0.0609 | 0.0829 | 0.0829 | 0.0829 | 0.0829 | 0.0829 |
| 墨西哥 | 0.2779 | 0.0794 | 0.0794 | 0.0794 | 0.0794 | 0.0794 | 0.0794 | 0.0794 | 0.0794 |
| 荷兰 | 0.0822 | 0.0822 | 0.0822 | 0.0822 | 0.1042 | 0.1042 | 0.1042 | 0.1042 | 0.1042 |
| 新西兰 | 0.1403 | 0.1403 | 0.1403 | 0.1403 | 0.1403 | 0.1403 | 0.1403 | 0.1403 | 0.1403 |
| 挪威 | 0.0826 | 0.0826 | 0.0826 | 0.0826 | 0.0609 | 0.0609 | 0.0609 | 0.0609 | 0.0609 |
| 波兰 | 0.162 | 0.1223 | 0.2811 | 0.2811 | 0.3031 | 0.3031 | 0.3031 | 0.3031 | 0.3031 |
| 葡萄牙 | 0.1623 | 0.1226 | 0.1226 | 0.1226 | 0.1446 | 0.1446 | 0.1446 | 0.1446 | 0.1446 |
| 斯洛伐克 | 0.0581 | 0.0581 | 0.0581 | 0.0581 | 0.0801 | 0.0801 | 0.0801 | 0.0801 | 0.0801 |
| 斯洛文尼亚 | 0.0609 | 0.0609 | 0.0397 | 0.0397 | 0.1808 | 0.1808 | 0.1808 | 0.1808 | 0.1808 |
| 西班牙 | 0.1006 | 0.1006 | 0.1006 | 0.1006 | 0.1226 | 0.1226 | 0.1226 | 0.1226 | 0.1226 |
| 瑞典 | 0.1219 | 0.1219 | 0.1219 | 0.1219 | 0.1219 | 0.1219 | 0.1219 | 0.1219 | 0.1219 |

续表

| 经济体 \ 年份 | | 2014 | 2015 | 2016 | 2017 | 2018 | 2019 | 2020 | 2021 | 2022 |
|---|---|---|---|---|---|---|---|---|---|---|
| 瑞士 | | 0.0609 | 0.0609 | 0.0609 | 0.0609 | 0.0609 | 0.0609 | 0.0609 | 0.0609 | 0.0609 |
| 土耳其 | | 0.0609 | 0.1407 | 0.1804 | 0.1804 | 0.1804 | 0.2421 | 0.264 | 0.264 | 0.264 |
| 英国 | | 0.0609 | 0.0609 | 0.0609 | 0.0609 | 0.0609 | 0.0609 | 0.0609 | 0.0609 | 0.0609 |
| 美国 | | 0.0609 | 0.0609 | 0.0609 | 0.0609 | 0.0609 | 0.0609 | 0.0609 | 0.0609 | 0.0609 |
| 非 OECD 经济体 | 阿尔巴尼亚 | 0.1403 | 0.1403 | 0.1403 | 0.1403 | 0.1006 | 0.1006 | 0.1006 | 0.1006 | 0.1006 |
| | 阿根廷 | 0.3608 | 0.3395 | 0.2814 | 0.2814 | 0.3211 | 0.3211 | 0.3395 | 0.3395 | 0.3395 |
| | 玻利维亚 | 0.2417 | 0.2417 | 0.2417 | 0.2417 | 0.2417 | 0.2417 | 0.2417 | 0.2417 | 0.2417 |
| | 波斯尼亚和黑塞哥维那 | 0.3608 | 0.3608 | 0.3608 | 0.3608 | 0.3608 | 0.3608 | 0.3608 | 0.3608 | 0.3608 |
| | 巴西 | 0.2052 | 0.2052 | 0.2449 | 0.2449 | 0.223 | 0.223 | 0.223 | 0.223 | 0.223 |
| | 文莱 | 0.2314 | 0.2314 | 0.2314 | 0.2314 | 0.2314 | 0.2314 | 0.2314 | 0.2314 | 0.2314 |
| | 柬埔寨 | 0.4036 | 0.4433 | 0.4433 | 0.4249 | 0.4863 | 0.4041 | 0.4048 | 0.4048 | 0.4048 |
| | 喀麦隆 | 0.2308 | 0.2308 | 0.2308 | 0.2308 | 0.228 | 0.2684 | 0.2471 | 0.2471 | 0.2471 |
| | 中国 | 0.2273 | 0.2273 | 0.2676 | 0.329 | 0.3503 | 0.3503 | 0.3503 | 0.3503 | 0.3503 |
| | 多米尼加 | 0.0184 | 0.0401 | 0.0401 | 0.0401 | 0.0401 | 0.0401 | 0.0401 | 0.0401 | 0.0401 |
| | 厄瓜多尔 | 0.0645 | 0.0645 | 0.0645 | 0.0432 | 0.0432 | 0.0432 | 0.0432 | 0.0432 | 0.0432 |
| | 埃塞俄比亚 | 0.5419 | 0.5419 | 0.5419 | 0.5419 | 0.5206 | 0.2427 | 0.2644 | 0.2644 | 0.2644 |

续表

| 经济体＼年份 | | 2014 | 2015 | 2016 | 2017 | 2018 | 2019 | 2020 | 2021 | 2022 |
|---|---|---|---|---|---|---|---|---|---|---|
| 非 OECD 经济体 | 冈比亚 | 0.1191 | 0.1191 | 0.1191 | 0.1191 | 0.0794 | 0.0794 | 0.0794 | 0.0794 | 0.0794 |
| | 危地马拉 | 0.1049 | 0.1049 | 0.1049 | 0.1049 | 0.1049 | 0.1049 | 0.1049 | 0.1049 | 0.1049 |
| | 印度 | 0.2385 | 0.2385 | 0.2824 | 0.3221 | 0.3618 | 0.3618 | 0.3618 | 0.3618 | 0.3618 |
| | 印度尼西亚 | 0.3066 | 0.3066 | 0.3066 | 0.3066 | 0.3066 | 0.3066 | 0.3066 | 0.3066 | 0.3066 |
| | 哈萨克斯坦 | 0.2279 | 0.2279 | 0.2676 | 0.5058 | 0.5671 | 0.6465 | 0.6465 | 0.6465 | 0.6465 |
| | 肯尼亚 | 0.1226 | 0.1665 | 0.1665 | 0.1665 | 0.1882 | 0.2676 | 0.2676 | 0.2676 | 0.2676 |
| | 科索沃 | 0.18 | 0.18 | 0.1006 | 0.1006 | 0.1006 | 0.1006 | 0.1006 | 0.1006 | 0.1006 |
| | 老挝 | 0.5229 | 0.5229 | 0.5012 | 0.5012 | 0.48 | 0.4984 | 0.4984 | 0.4984 | 0.4984 |
| | 莱索托 | 0.2087 | 0.2087 | 0.2087 | 0.2087 | 0.2087 | 0.2087 | 0.2087 | 0.2087 | 0.2087 |
| | 马达加斯加 | 0.2594 | 0.2381 | 0.2381 | 0.2381 | 0.2381 | 0.2381 | 0.2381 | 0.2381 | 0.2381 |
| | 马来西亚 | 0.1262 | 0.1262 | 0.1262 | 0.1262 | 0.1262 | 0.1262 | 0.1262 | 0.1262 | 0.1262 |
| | 黑山 | 0.1006 | 0.1006 | 0.1006 | 0.1006 | 0.1006 | 0.1006 | 0.1006 | 0.1006 | 0.1006 |
| | 尼泊尔 | 0.2059 | 0.2059 | 0.2059 | 0.1875 | 0.2059 | 0.1846 | 0.1627 | 0.1627 | 0.1627 |
| | 北马其顿 | 0.1014 | 0.1014 | 0.1014 | 0.1014 | 0.1014 | 0.1014 | 0.1014 | 0.1014 | 0.1014 |
| | 巴基斯坦 | 0.1261 | 0.1261 | 0.1911 | 0.1911 | 0.1911 | 0.2279 | 0.2896 | 0.2896 | 0.2896 |
| | 巴拉圭 | 0.2233 | 0.2233 | 0.2233 | 0.2233 | 0.202 | 0.1808 | 0.1808 | 0.1808 | 0.1808 |
| | 秘鲁 | 0.2417 | 0.2417 | 0.2417 | 0.2417 | 0.2417 | 0.2417 | 0.2417 | 0.2417 | 0.2417 |

续表

| 经济体 \ 年份 | | 2014 | 2015 | 2016 | 2017 | 2018 | 2019 | 2020 | 2021 | 2022 |
|---|---|---|---|---|---|---|---|---|---|---|
| 非 OECD 经济体 | 菲律宾 | 0.1265 | 0.1265 | 0.1265 | 0.1265 | 0.1265 | 0.1265 | 0.1265 | 0.1265 | 0.1265 |
| | 俄罗斯 | 0.2811 | 0.3208 | 0.3208 | 0.3399 | 0.3399 | 0.3584 | 0.3803 | 0.4243 | 0.5073 |
| | 沙特阿拉伯 | 0.2056 | 0.224 | 0.224 | 0.224 | 0.4264 | 0.4264 | 0.4449 | 0.4449 | 0.4449 |
| | 塞内加尔 | 0.2056 | 0.2056 | 0.2056 | 0.2056 | 0.2056 | 0.2056 | 0.2056 | 0.2056 | 0.2056 |
| | 塞尔维亚 | 0.1807 | 0.1807 | 0.1807 | 0.1807 | 0.1807 | 0.1807 | 0.1807 | 0.1807 | 0.1807 |
| | 新加坡 | 0.2024 | 0.2024 | 0.2024 | 0.2024 | 0.1811 | 0.1996 | 0.1996 | 0.1996 | 0.1996 |
| | 南非 | 0.3421 | 0.3421 | 0.3421 | 0.3421 | 0.3421 | 0.3421 | 0.3421 | 0.3421 | 0.3421 |
| | 斯威士兰 | 0.2113 | 0.2113 | 0.2305 | 0.2305 | 0.1655 | 0.1655 | 0.1655 | 0.1655 | 0.1655 |
| | 泰国 | 0.141 | 0.141 | 0.141 | 0.141 | 0.141 | 0.141 | 0.141 | 0.141 | 0.141 |
| | 乌干达 | 0.4441 | 0.4441 | 0.4229 | 0.4229 | 0.4229 | 0.123 | 0.123 | 0.123 | 0.123 |
| | 乌拉圭 | 0.3176 | 0.3176 | 0.3176 | 0.3176 | 0.3176 | 0.3176 | 0.3176 | 0.3176 | 0.3176 |
| | 瓦努阿图 | 0.1687 | 0.1687 | 0.1475 | 0.1475 | 0.1475 | 0.1475 | 0.1258 | 0.1258 | 0.1258 |
| | 越南 | 0.105 | 0.105 | 0.0865 | 0.0865 | 0.0865 | 0.1666 | 0.1454 | 0.1454 | 0.1454 |
| | 赞比亚 | 0.2488 | 0.2488 | 0.2488 | 0.2049 | 0.2273 | 0.2273 | 0.2273 | 0.2273 | 0.2273 |
| | 津巴布韦 | 0.592 | 0.592 | 0.592 | 0.5888 | 0.5888 | 0.5888 | 0.5675 | 0.5675 | 0.5675 |

资料来源：OECD Digital STRI。

表 4-2　各政策领域的数字服务贸易限制指数

| 序号 | 经济体 | 基础设施与互联 | 电子交易 | 支付系统 | 知识产权 | 其他影响数字服务贸易的壁垒 | 综合指数 |
|---|---|---|---|---|---|---|---|
| 1 | 哈萨克斯坦 | 0.4764 | 0.0425 | 0.0184 | 0 | 0.1092 | 0.6465 |
| 2 | 津巴布韦 | 0.3573 | 0.0425 | 0.0368 | 0.0217 | 0.1092 | 0.5675 |
| 3 | 俄罗斯 | 0.3176 | 0 | 0.0368 | 0.0433 | 0.1095 | 0.5073 |
| 4 | 老挝 | 0.397 | 0.0213 | 0.0368 | 0.0217 | 0.0217 | 0.4984 |
| 5 | 沙特阿拉伯 | 0.2779 | 0.0213 | 0.0368 | 0.0217 | 0.0873 | 0.4449 |
| 6 | 柬埔寨 | 0.2382 | 0.0425 | 0.0368 | 0 | 0.0873 | 0.4048 |
| 7 | 印度 | 0.1985 | 0.0425 | 0.0552 | 0 | 0.0656 | 0.3618 |
| 8 | 波斯尼亚和黑塞哥维那 | 0.3176 | 0.0213 | 0 | 0 | 0.022 | 0.3608 |
| 9 | 中国 | 0.1588 | 0.0425 | 0.0184 | 0.0433 | 0.0873 | 0.3503 |
| 10 | 南非 | 0.2779 | 0.0425 | 0 | 0.0217 | 0 | 0.3421 |
| 11 | 阿根廷 | 0.2779 | 0.0213 | 0.0184 | 0 | 0.022 | 0.3395 |
| 12 | 乌拉圭 | 0.2779 | 0.0213 | 0.0184 | 0 | 0 | 0.3176 |
| 13 | 印度尼西亚 | 0.1588 | 0.0638 | 0.0184 | 0 | 0.0656 | 0.3066 |
| 14 | 波兰 | 0.2382 | 0.0213 | 0 | 0 | 0.0436 | 0.3031 |
| 15 | 哥伦比亚 | 0.2779 | 0.0213 | 0 | 0 | 0 | 0.2991 |
| 16 | 巴基斯坦 | 0.0794 | 0.0425 | 0.0368 | 0.0217 | 0.1092 | 0.2896 |
| 17 | 肯尼亚 | 0.1191 | 0.0425 | 0.0184 | 0 | 0.0876 | 0.2676 |

续表

| 序号 | 经济体 | 基础设施与互联 | 电子交易 | 支付系统 | 知识产权 | 其他影响数字服务贸易的壁垒 | 综合指数 |
|---|---|---|---|---|---|---|---|
| 18 | 冰岛 | 0.1588 | 0.0213 | 0 | 0.0433 | 0.0436 | 0.267 |
| 19 | 埃塞俄比亚 | 0.0794 | 0.0425 | 0.0552 | 0.0217 | 0.0656 | 0.2644 |
| 20 | 土耳其 | 0.1191 | 0.0425 | 0.0368 | 0 | 0.0656 | 0.264 |
| 21 | 智利 | 0.1985 | 0.0425 | 0 | 0.0217 | 0 | 0.2627 |
| 22 | 喀麦隆 | 0.0794 | 0 | 0.0368 | 0.0217 | 0.1092 | 0.2471 |
| 23 | 玻利维亚 | 0.1985 | 0.0213 | 0 | 0 | 0.022 | 0.2417 |
| 24 | 秘鲁 | 0.1985 | 0.0213 | 0 | 0 | 0.022 | 0.2417 |
| 25 | 马达加斯加 | 0.1588 | 0.0425 | 0.0368 | 0 | 0 | 0.2381 |
| 26 | 文莱达鲁萨兰 | 0.0794 | 0.0425 | 0 | 0 | 0.1095 | 0.2314 |
| 27 | 赞比亚 | 0.0794 | 0.0425 | 0.0184 | 0.0433 | 0.0436 | 0.2273 |
| 28 | 拉脱维亚 | 0.1588 | 0.0425 | 0 | 0 | 0.022 | 0.2233 |
| 29 | 巴西 | 0.1588 | 0.0425 | 0 | 0.0217 | 0 | 0.223 |
| 30 | 莱索托 | 0.0397 | 0.085 | 0.0184 | 0.0217 | 0.0439 | 0.2087 |
| 31 | 塞内加尔 | 0.1191 | 0.0213 | 0 | 0.0217 | 0.0436 | 0.2056 |
| 32 | 韩国 | 0.1191 | 0.0213 | 0.0184 | 0 | 0.0439 | 0.2027 |
| 33 | 奥地利 | 0.1588 | 0.0213 | 0 | 0 | 0.022 | 0.202 |
| 34 | 新加坡 | 0.1191 | 0 | 0.0368 | 0 | 0.0436 | 0.1996 |

续表

| 序号 | 经济体 | 基础设施与互联 | 电子交易 | 支付系统 | 知识产权 | 其他影响数字服务贸易的壁垒 | 综合指数 |
|---|---|---|---|---|---|---|---|
| 35 | 希腊 | 0.1191 | 0.0213 | 0 | 0 | 0.0436 | 0.184 |
| 36 | 斯洛文尼亚 | 0.1588 | 0 | 0 | 0 | 0.022 | 0.1808 |
| 37 | 巴拉圭 | 0.1588 | 0 | 0 | 0 | 0.022 | 0.1808 |
| 38 | 塞尔维亚 | 0.1191 | 0.0213 | 0.0184 | 0 | 0.022 | 0.1807 |
| 39 | 以色列 | 0.1588 | 0.0213 | 0 | 0 | 0 | 0.18 |
| 40 | 匈牙利 | 0.0794 | 0.0425 | 0 | 0 | 0.0436 | 0.1655 |
| 41 | 斯威士兰 | 0.0794 | 0.0425 | 0 | 0.0217 | 0.022 | 0.1655 |
| 42 | 捷克 | 0.0794 | 0.0213 | 0.0184 | 0 | 0.0439 | 0.163 |
| 43 | 尼泊尔 | 0.0397 | 0.0425 | 0.0368 | 0.0217 | 0.022 | 0.1627 |
| 44 | 比利时 | 0.1191 | 0.0213 | 0 | 0 | 0.022 | 0.1623 |
| 45 | 越南 | 0.0397 | 0 | 0.0184 | 0 | 0.0873 | 0.1454 |
| 46 | 葡萄牙 | 0.0397 | 0.0425 | 0.0184 | 0 | 0.0439 | 0.1446 |
| 47 | 爱尔兰 | 0.0794 | 0.0425 | 0 | 0 | 0.022 | 0.1439 |
| 48 | 泰国 | 0.0794 | 0.0213 | 0.0184 | 0 | 0.022 | 0.141 |
| 49 | 新西兰 | 0.1191 | 0.0213 | 0 | 0 | 0 | 0.1403 |
| 50 | 菲律宾 | 0.0397 | 0.0213 | 0 | 0.0217 | 0.0439 | 0.1265 |
| 51 | 马来西亚 | 0.0397 | 0.0213 | 0 | 0.0217 | 0.0436 | 0.1262 |

续表

| 序号 | 经济体 | 基础设施与互联 | 电子交易 | 支付系统 | 知识产权 | 其他影响数字服务贸易的壁垒 | 综合指数 |
|---|---|---|---|---|---|---|---|
| 52 | 意大利 | 0.0397 | 0.0425 | 0 | 0 | 0.0436 | 0.1258 |
| 53 | 瓦努阿图 | 0.0397 | 0.0425 | 0 | 0.0217 | 0.022 | 0.1258 |
| 54 | 芬兰 | 0.0397 | 0.0213 | 0.0184 | 0 | 0.0436 | 0.123 |
| 55 | 法国 | 0.0397 | 0.0213 | 0.0184 | 0 | 0.0436 | 0.123 |
| 56 | 乌干达 | 0.0794 | 0 | 0 | 0.0217 | 0.022 | 0.123 |
| 57 | 德国 | 0.0794 | 0.0213 | 0 | 0 | 0.022 | 0.1226 |
| 58 | 西班牙 | 0.0794 | 0.0213 | 0 | 0 | 0.022 | 0.1226 |
| 59 | 瑞典 | 0.0794 | 0.0425 | 0 | 0 | 0 | 0.1219 |
| 60 | 危地马拉 | 0.0397 | 0.0213 | 0 | 0 | 0.0439 | 0.1049 |
| 61 | 丹麦 | 0.0397 | 0.0425 | 0 | 0 | 0.022 | 0.1042 |
| 62 | 立陶宛 | 0.0397 | 0.0425 | 0 | 0 | 0.022 | 0.1042 |
| 63 | 荷兰 | 0.0397 | 0.0425 | 0 | 0 | 0.022 | 0.1042 |
| 64 | 北马其顿 | 0.0794 | 0 | 0 | 0 | 0.022 | 0.1014 |
| 65 | 阿尔巴尼亚 | 0.0794 | 0.0213 | 0 | 0 | 0 | 0.1006 |
| 66 | 科索沃 | 0.0794 | 0.0213 | 0 | 0 | 0 | 0.1006 |
| 67 | 黑山 | 0.0794 | 0.0213 | 0 | 0 | 0 | 0.1006 |

续表

| 序号 | 经济体 | 基础设施与互联 | 电子交易 | 支付系统 | 知识产权 | 其他影响数字服务贸易的壁垒 | 综合指数 |
|---|---|---|---|---|---|---|---|
| 68 | 爱沙尼亚 | 0.0397 | 0.0213 | 0 | 0 | 0.022 | 0.0829 |
| 69 | 卢森堡 | 0.0397 | 0.0213 | 0 | 0 | 0.022 | 0.0829 |
| 70 | 日本 | 0.0397 | 0.0425 | 0 | 0 | 0 | 0.0822 |
| 71 | 斯洛伐克 | 0.0397 | 0 | 0.0184 | 0 | 0.022 | 0.0801 |
| 72 | 墨西哥 | 0.0397 | 0.0213 | 0.0184 | 0 | 0 | 0.0794 |
| 73 | 冈比亚 | 0.0397 | 0.0213 | 0.0184 | 0 | 0 | 0.0794 |
| 74 | 澳大利亚 | 0.0397 | 0.0213 | 0 | 0 | 0 | 0.0609 |
| 75 | 挪威 | 0.0397 | 0.0213 | 0 | 0 | 0 | 0.0609 |
| 76 | 瑞士 | 0.0397 | 0.0213 | 0 | 0 | 0 | 0.0609 |
| 77 | 英国 | 0.0397 | 0.0213 | 0 | 0 | 0 | 0.0609 |
| 78 | 美国 | 0.0397 | 0.0213 | 0 | 0 | 0 | 0.0609 |
| 79 | 厄瓜多尔 | 0 | 0.0213 | 0 | 0 | 0.022 | 0.0432 |
| 80 | 哥斯达黎加 | 0 | 0.0425 | 0 | 0 | 0 | 0.0425 |
| 81 | 多米尼加共和国 | 0 | 0 | 0.0184 | 0 | 0.0217 | 0.0401 |
| 82 | 加拿大 | 0 | 0 | 0 | 0 | 0 | 0 |

资料来源：OECD Digital STRI。

DSTRI 强调经济体对数字贸易的限制，评估对象是各经济体数字贸易监管措施。结果显示，发达经济体的限制指数较低，加拿大最低，美国、英国、澳大利亚、日本等限制也较少；新兴经济体的限制指数比较高，哈萨克斯坦最高，中国的限制指数排在第九位。必须指出的是，DSTRI 倚重专家加权方案，而专家加权方案将重点放在基础设施和连接领域，包括跨境数据流动。参与设计加权方案的专家多数来自 OECD 成员经济体。相对新兴经济体来说，OECD 成员经济体在开放数字市场，特别是推动跨境数据自由流动方面更加具有进攻利益。因此，DSTRI 呈现出对新兴经济体不利的结果。

### （三）中国的得分情况

根据 DSTRI 的综合得分，中国是限制指数较高的经济体。在五大具体领域中，知识产权领域中国的限制指数是最高的，其他四大领域中国也排在前十位。中国在具体领域的限制措施见附表 1。

中国数字贸易限制指数较高主要是因为基础设施领域的限制较高。该领域中国的限制指数为 0.1588，高于该领域平均限制指数 0.117，排在第八位，与印度尼西亚、巴西等持平。中国在该领域的限制措施主要包括《网络安全法》《工业和信息化部关于清洁规范互联网网络接入服务市场的通知》《信息安全技术公共及商用服务信息系统个人信息保护指南》，具体包括：①跨境数据流动的限制，跨境传输需逐案审批，而且不适用个人数据跨境传输问责制；②虚拟专用网络（VPN）、租用线路的限制，使用 VPN 或租用线路的跨境业务活动需获得主管机关批准。

在电子交易领域，中国的限制指数为 0.0425，高于该领域平均限制指数 0.027，排在第三位，仅次于莱索托和印度尼西亚，与日本等经济体持平。该领域中国的限制措施主要是《电信条例》和《企业所得税法》，具体包括：①电子商务许可证对外国投资者的歧视性条件，开设网站需获得工信部颁发的互联网内容提供商（ICP）许可证，除 ICP 许可证外，经营类网站还需要商业 ICP 许可证。而获得 ICP 许可证要求托管在中国的服务器上，并且该许可证仅授权给中国公民或中国实体（包括在中国设立的外资独资企业）。对于需要其他 ICP 许可证的经营类网站，只有外资所有权不超过 50% 的中国本地公司才能获得该许可证。但是在中国各地的自贸试验区内，经营类电子商务的外资股权限制已经放宽至 100%；②跨境交易的国内合同规范不同于国际标准化规则，中国尚未批准《联合国国际合同使用电子通信公约》。

在支付系统领域，中国的限制指数为 0.0184，高于该领域平均限制指数 0.011，与韩国等经济体持平。在该领域中只有 33 个经济体采取限制措施，其他国家均无限制。该领域中国的限制措施涉及《网络安全法》《非银行支付机构在线网络业务管理办法》《非金融机构支付服务管理办法》及其实施细则，具体包括：①外商投资企业不能获得在线支付服务许可证，在线支付服务的许可证仍然仅限于本地企业。但是，中国人民银行公告〔2018〕第 7 号已经放开了外商投资支付机构准入限制，外商投资支付机构取得牌照后可以在境内开展电子支付义务；②使用第三方在线支付服务可以转移的资金数额受到监管。

在知识产权领域，中国的限制指数为 0.0433，高于该领域平均限制指数 0.007，居于最高位，与冰岛、俄罗斯、赞比亚等经济体持平。在该领域中只有 21 个国家采取限制措施，其他国家均无限制。该领域中国的限制措施涉及《商标法》和《著作权法》，主要是外国人和外国企业在商标保护、著作权及相关权利保护方面受到歧视，具体包括：①商标保护受中国和申请人所属国家之间缔结的协议的约束，或者受到两国均适用的国际条约的约束，或者基于互惠原则；②外国人在中国境外出版的作品是否受到版权保护，取决于外国人所属国家与中国达成协议，或者两国都参加的国际条约。

在其他影响数字服务贸易的壁垒领域，中国的限制指数为 0.0873，高于该领域平均限制指数 0.034，排在第四位，与越南等经济体持平。该领域中国的限制措施涉及《网络安全法》《互联网视听节目服务管理规定》《广播电视管理条例》《互联网出版服务管理规定》《广告法》。

### （四）对比分析

DSTRI 显示，新兴经济体的数字贸易限制水平普遍很高。本书选取与中国的情况有类似之处的印度（第七位）和俄罗斯（第三位）作对比分析。印度和俄罗斯在具体领域的限制措施见附表 3 和 4。同时，本书还考察了新加坡的限制情况（见附表 2）。新加坡排名第三十四，在 OECD 经济体中限制水平居中，可以作为中国对标的标杆。

#### 1. 基础设施与连接领域

印度的得分为 0.198，略高于中国。印度的限制主要是跨境数据流动的限制，包括两类：一是对个人数据的限制，2010年《信息技术法》要求个人数据只能传输到确保与印度数据发送者具有相同数据保护水平的另一国家；二是对金融数据的限制，印度储备银行要求印度所有支付系统运营商都必须确保与其运营的支付系统相关的数据仅存储在印度境内。

俄罗斯的得分为0.318，远高于中国。俄罗斯的限制措施包括移动网络强制互联要求、互联价格和条件受到监管、移动网络无垂直分离要求、使用VPN和类似代理服务的限制以及跨境数据流动限制。根据2021年最新修订的《通讯法》及有关决议，俄罗斯要求移动通信运营商自愿向监管机构提出申请，并证明其符合相关标准；跨境数据流动方面，俄罗斯在3个子指标上有限制，中国在2个指标上有限制。跨境数据流动限制涉及的措施是2021年最新修订的《信息、信息技术和信息保护法》和《数据保护法》，具体要求运营商必须使用位于俄罗斯境内的数据库记录、系统化、处理、存储、修改、更新和检索有关俄罗斯公民的数据。此外，俄罗斯限制访问不符合相关国家机关封锁互联网网站要求的VPN和类似代理服务的网站。

新加坡的得分为0.119，低于中国。新加坡对跨境数据流动也有限制，要求个人数据不得传输到新加坡以外的国家或地区，除非符合2012年《个人数据保护法》的规定。此外，新加坡还要求公司的会计记录必须保存在新加坡。

2. 电子交易领域

印度的得分为0.043，与中国持平。印度的限制主要包括：①外国电子商务实体只能从事企业对企业（B2B）电子商务活动，不允许从事企业对消费者（B2C）活动；②跨境交易的国内合同规范不同于国际标准化规则，没有批准《联合国国际合同使用电子通信公约》和《联合国国际货物销售合同公约》；③《印度合同法》未明确规定保护秘密信息。

俄罗斯的得分为0，在六项子指标上均无限制。新加坡在该领域也没有限制。

3. 支付系统

印度的得分为0.055，高于中国。印度的限制主要是：①银行信贷有政策导向，即政府认为具有社会或经济重要性的部门；②《支付和结算系统法》《1949年银行监管法》《2020年银行业监管（修订）条例》规定的国内支付安全标准偏离国际标准；③要求银行开展移动银行服务之前必须建立基于文件的注册系统，并强制要求客户在场。

俄罗斯的得分为0.037，也高于中国。俄罗斯的限制主要是禁止外国支付服务提供商向居民客户提供电子支付方式，以及禁止从俄罗斯跨境转移资金到不认可俄罗斯支付系统（包括电子支付系统）的国家。

新加坡的得分为0.037，高于中国。新加坡规定取得支付牌照的公司必须在新加坡注册成立，而且还有董事会和高管要求。此外，个人电子钱包有金额上限。

4. 知识产权

俄罗斯的得分为0.043，与中国持平；俄罗斯的限制主要是要求不友好外国知识产权所有人同意开通特殊 O-type 银行账户才能收取知识产权使用费。

印度得分为 0，在五项子指标上均无限制。新加坡在该领域也没有限制。

5. 其他影响数字服务贸易的壁垒

印度的得分为 0.066，低于中国的 0.087。印度的限制主要是：①下载和流媒体的限制，拟在印度境内公开展映的电影必须经过电影认证中央委员会（CBFC）的批准；②在线广告限制，自 2016 年起，向在印度没有商业存在的外国公司购买广告服务将征收 6% 的衡平税；③电子商务外商投资的限制。

俄罗斯的得分为 0.11，高于中国。俄罗斯的限制主要是主管机关有权拦截互联网站点上的内容，以及对网站、互联网页面、信息系统以及电子计算机程序的外资所有权限制，要求有当地商业存在才能提供跨境服务。

新加坡的得分为 0.044，低于中国。新加坡的限制主要是主管机关有权要求删除违法内容，以及必须有当地存在才能提供跨境数字服务。

由此可见，虽然新兴经济体对数字服务贸易限制更多，但是发达经济体同样也有限制。新兴经济体数字贸易限制水平高是由经济发展水平和治理能力所决定的。尤其是数字服务贸易是一种新兴贸易方式，加上还涉及隐私保护、网络安全等非贸易问题，对数字贸易的监管肯定会相对严格。

## 二、数字贸易的限制情况：以 ECIPE 指数为参考

欧洲国际政治经济中心（ECIPE）发布“数字贸易限制指数（Digital Trade Restrictiveness Index，DTRI）”，对 64 个国家 / 地区如何限制数字贸易进行衡量。DTRI 是全球首个数字贸易类指数，旨在通过发布指数，促进各经济体应用数字贸易限制的透明度，并阐明各国之间的比较情况。由于 ECIPE 是研究贸易政策和其他对欧洲意义重大的国际经济政策议题的全球顶级智库之一，因此 DTRI 一经推出即引发了各国高度关注。不过，该指数没有后续更新，因此有些得分并不能完全反映最新情况。

### （一）总体得分情况

DTRI 建立了四大指标群，每个指标群根据各种贸易政策所属的共同框架将章节组合在一起，共 13 个子章，分别是：（A）财政限制（包括关税和贸易保护、税收和补贴、政府采购共 3 章）；（B）设立限制（包括投资、知识产权、竞争政策和商业流动性共 4 章）；（C）数据限制（数据政策、中间商责任和内容访问共 3 章）；（D）贸易限制（数量贸易限制、标准、在线销售和交易共 3 章）。每个子类指标群由相应章节的指数组成，然后乘以分配给每个章节的权重。权重反映了指标群中每个章节的相对重要性，每个指标群总计为 1（即 100%）。

DTRI 表明，各国对数字化的政策反应非常多样化。一些相对较小、开放度较高和面向服务的国家从长远角度谋划数字化转型，而相对较大和新兴国家通常对数字贸易持怀疑态度，并施加重大限制。

1. 限制程度较高的经济体

一般而言，数字贸易限制程度较高是新兴经济体。DTRI 显示，中国是数字贸易限制程度最高的国家。中国在数字贸易的各个方面都采用了广泛的监管措施，包括数字商品和服务贸易、ICT 部门的投资、数据和 ICT 专业人员的流动。与其他新兴经济体相比，中国对数字贸易施加的限制要高得多。紧随其后的是俄罗斯，鉴于其经济发展水平，俄罗斯也施加了比预期更多的繁重的数字贸易限制。印度、印度尼西亚和越南对数字贸易也有严格的限制。

DTRI 指出，新兴经济体对数字贸易的高水平限制破坏了其在日益以数据为基础的全球经济中依靠新技术发展经济的能力。正在进行的数字化转型影响着所有部门和企业，数字贸易的限制性监管环境将压低许多非数字部门。数字贸易限制最严格的前 10 个国家 / 地区覆盖了世界近一半的人口。这些国家做出的政策选择肯定会影响全球数字政策的形成方式。

2. 限制程度较低的经济体

新西兰是数字贸易领域开放度最高的国家，只有几项数字贸易限制。冰岛、挪威、爱尔兰也是数字化开放程度最高的国家 / 地区之一。这些国家 / 地区在数字经济的大多数领域中都采取了自由贸易政策。

上述数字开放度排名前五的经济体都是相对较小的经济体，因此更加依赖全球市场。通常，它们的服务部门也比其他国家 / 地区更大，这加强了开放式数字市场对其经济增长的作用。而且这五个国家 / 地区都有国际贸易和投资开放的传统。这些经济体的数字开放度提高了基于知识的无形资产的生产力和投资，例如研发、设计、（数字）培训和数据，刺激了数字和非数字领域的增长。

3. 美国和欧洲的限制情况

美国拥有许多成功的数字公司，另一方面，美国也会在数字贸易中采取各种政策，从而限制其数字经济的某些领域。DTRI 表明，美国的数字限制水平略高于指数所覆盖的所有国家 / 地区的平均水平。

在欧洲，对数字贸易限制最大的两个国家是法国和德国。与大多数其他发达国家相比，这两个国家都有更为严格的数字贸易政策。法国还是唯一排在数字贸易限制指数前十位的欧洲国家。罗马尼亚是欧洲限制第三高的国家，不过分数大大低于法国和德国。

除了爱尔兰和挪威，其他在数字开放度方面排名最高的欧洲国家是马耳他、荷兰、拉脱维亚、卢森堡和爱沙尼亚。这组国家的情况表明，与欧洲数字贸易限制较高的国家相比，数字开放程度最高的欧洲国家是服务业规模较大的小型经济体。

表 4-3　DTRI 得分和排名

| 国家 | DTRI | | A. 财政限制和市场准入 | | B. 设立限制 | | C. 数据限制 | | D. 贸易限制 | |
|---|---|---|---|---|---|---|---|---|---|---|
| | 指数 | 排名 | 指数 | 排名 | 指数 | 排名 | 指数 | 排名 | 指数 | 排名 |
| 中国 | 0.70 | 1 | 0.60 | 3 | 0.77 | 1 | 0.82 | 1 | 0.63 | 1 |
| 俄罗斯 | 0.46 | 2 | 0.40 | 9 | 0.40 | 9 | 0.63 | 2 | 0.43 | 6 |
| 印度 | 0.44 | 3 | 0.63 | 1 | 0.40 | 8 | 0.31 | 16 | 0.40 | 7 |
| 印度尼西亚 | 0.43 | 4 | 0.43 | 6 | 0.36 | 13 | 0.44 | 5 | 0.48 | 5 |

续表

| 国家 | DTRI | | A. 财政限制和市场准入 | | B. 设立限制 | | C. 数据限制 | | D. 贸易限制 | |
|---|---|---|---|---|---|---|---|---|---|---|
| | 指数 | 排名 | 指数 | 排名 | 指数 | 排名 | 指数 | 排名 | 指数 | 排名 |
| 越南 | 0.41 | 5 | 0.22 | 36 | 0.50 | 3 | 0.43 | 6 | 0.51 | 3 |
| 巴西 | 0.40 | 6 | 0.62 | 2 | 0.33 | 17 | 0.15 | 54 | 0.49 | 4 |
| 土耳其 | 0.38 | 7 | 0.35 | 11 | 0.22 | 42 | 0.60 | 3 | 0.37 | 8 |
| 阿根廷 | 0.38 | 8 | 0.49 | 4 | 0.28 | 28 | 0.17 | 49 | 0.57 | 2 |
| 法国 | 0.36 | 9 | 0.26 | 22 | 0.40 | 10 | 0.45 | 4 | 0.33 | 12 |
| 泰国 | 0.35 | 10 | 0.27 | 18 | 0.54 | 2 | 0.29 | 20 | 0.28 | 17 |
| 马来西亚 | 0.34 | 11 | 0.20 | 50 | 0.45 | 5 | 0.35 | 11 | 0.35 | 10 |
| 巴基斯坦 | 0.33 | 12 | 0.49 | 5 | 0.21 | 44 | 0.30 | 17 | 0.31 | 13 |
| 德国 | 0.33 | 13 | 0.24 | 28 | 0.40 | 11 | 0.41 | 7 | 0.26 | 21 |
| 厄瓜多尔 | 0.32 | 14 | 0.31 | 15 | 0.42 | 7 | 0.20 | 39 | 0.35 | 9 |
| 韩国 | 0.31 | 15 | 0.33 | 13 | 0.25 | 34 | 0.39 | 8 | 0.28 | 16 |
| 尼日利亚 | 0.29 | 16 | 0.41 | 8 | 0.19 | 46 | 0.23 | 32 | 0.34 | 11 |
| 南非 | 0.27 | 17 | 0.43 | 7 | 0.34 | 15 | 0.20 | 38 | 0.11 | 46 |
| 墨西哥 | 0.27 | 18 | 0.24 | 25 | 0.30 | 25 | 0.26 | 23 | 0.27 | 19 |
| 罗马尼亚 | 0.27 | 19 | 0.24 | 32 | 0.31 | 24 | 0.27 | 21 | 0.25 | 22 |
| 文莱 | 0.26 | 20 | 0.27 | 19 | 0.32 | 22 | 0.38 | 9 | 0.08 | 54 |
| 西班牙 | 0.26 | 21 | 0.21 | 45 | 0.23 | 40 | 0.30 | 18 | 0.29 | 15 |
| 美国 | 0.26 | 22 | 0.37 | 10 | 0.38 | 12 | 0.15 | 53 | 0.12 | 43 |
| 希腊 | 0.24 | 24 | 0.33 | 12 | 0.31 | 23 | 0.23 | 30 | 0.10 | 50 |
| 意大利 | 0.24 | 25 | 0.28 | 17 | 0.11 | 59 | 0.31 | 14 | 0.25 | 25 |
| 匈牙利 | 0.23 | 26 | 0.26 | 21 | 0.15 | 54 | 0.30 | 19 | 0.22 | 27 |
| 澳大利亚 | 0.23 | 27 | 0.25 | 24 | 0.28 | 27 | 0.25 | 25 | 0.15 | 36 |
| 斯洛伐克 | 0.23 | 28 | 0.21 | 44 | 0.33 | 19 | 0.19 | 44 | 0.20 | 29 |
| 加拿大 | 0.23 | 29 | 0.10 | 59 | 0.29 | 26 | 0.25 | 27 | 0.26 | 20 |
| 瑞士 | 0.22 | 30 | 0.17 | 54 | 0.44 | 6 | 0.25 | 26 | 0.03 | 63 |
| 芬兰 | 0.22 | 31 | 0.21 | 47 | 0.19 | 48 | 0.33 | 13 | 0.16 | 35 |
| 菲律宾 | 0.22 | 32 | 0.27 | 20 | 0.34 | 16 | 0.11 | 61 | 0.17 | 33 |

续表

| 国家 | DTRI | | A. 财政限制和市场准入 | | B. 设立限制 | | C. 数据限制 | | D. 贸易限制 | |
|---|---|---|---|---|---|---|---|---|---|---|
| | 指数 | 排名 | 指数 | 排名 | 指数 | 排名 | 指数 | 排名 | 指数 | 排名 |
| 比利时 | 0.22 | 33 | 0.21 | 41 | 0.33 | 18 | 0.19 | 45 | 0.15 | 37 |
| 波兰 | 0.22 | 34 | 0.21 | 43 | 0.20 | 45 | 0.27 | 22 | 0.20 | 28 |
| 丹麦 | 0.22 | 35 | 0.20 | 48 | 0.16 | 53 | 0.35 | 10 | 0.15 | 39 |
| 立陶宛 | 0.21 | 36 | 0.24 | 30 | 0.12 | 57 | 0.34 | 12 | 0.15 | 40 |
| 欧盟 | 0.21 | 37 | 0.23 | 33 | 0.21 | 43 | 0.24 | 29 | 0.16 | 34 |
| 巴拉圭 | 0.21 | 38 | 0.32 | 14 | 0.24 | 35 | 0.16 | 52 | 0.11 | 45 |
| 哥伦比亚 | 0.20 | 39 | 0.12 | 57 | 0.32 | 21 | 0.23 | 31 | 0.14 | 42 |
| 瑞典 | 0.20 | 40 | 0.21 | 46 | 0.23 | 38 | 0.26 | 24 | 0.10 | 52 |
| 保加利亚 | 0.20 | 41 | 0.24 | 26 | 0.32 | 20 | 0.14 | 55 | 0.07 | 57 |
| 以色列 | 0.19 | 42 | 0.13 | 55 | 0.22 | 41 | 0.18 | 47 | 0.23 | 26 |
| 克罗地亚 | 0.19 | 43 | 0.21 | 42 | 0.18 | 50 | 0.11 | 60 | 0.25 | 23 |
| 英国 | 0.19 | 44 | 0.25 | 23 | 0.09 | 62 | 0.31 | 15 | 0.10 | 53 |
| 奥地利 | 0.19 | 45 | 0.21 | 40 | 0.23 | 39 | 0.21 | 37 | 0.10 | 49 |
| 葡萄牙 | 0.19 | 46 | 0.23 | 34 | 0.25 | 31 | 0.22 | 36 | 0.05 | 61 |
| 捷克 | 0.18 | 47 | 0.24 | 27 | 0.18 | 51 | 0.16 | 51 | 0.15 | 38 |
| 塞浦路斯 | 0.18 | 48 | 0.21 | 37 | 0.12 | 58 | 0.14 | 56 | 0.25 | 24 |
| 斯洛文尼亚 | 0.18 | 49 | 0.21 | 38 | 0.13 | 56 | 0.18 | 48 | 0.20 | 30 |
| 日本 | 0.18 | 50 | 0.21 | 39 | 0.35 | 14 | 0.04 | 62 | 0.11 | 48 |
| 爱沙尼亚 | 0.18 | 51 | 0.20 | 49 | 0.14 | 55 | 0.20 | 41 | 0.17 | 32 |
| 卢森堡 | 0.17 | 52 | 0.19 | 52 | 0.19 | 47 | 0.20 | 40 | 0.10 | 51 |
| 拉脱维亚 | 0.17 | 53 | 0.24 | 29 | 0.19 | 49 | 0.20 | 43 | 0.05 | 59 |
| 荷兰 | 0.17 | 54 | 0.24 | 31 | 0.25 | 33 | 0.13 | 58 | 0.05 | 60 |
| 马耳他 | 0.16 | 55 | 0.19 | 53 | 0.09 | 61 | 0.22 | 33 | 0.15 | 41 |
| 智利 | 0.15 | 56 | 0.28 | 16 | 0.17 | 52 | 0.04 | 63 | 0.12 | 44 |
| 新加坡 | 0.15 | 57 | 0.02 | 65 | 0.24 | 37 | 0.25 | 28 | 0.11 | 47 |
| 秘鲁 | 0.15 | 58 | 0.11 | 58 | 0.24 | 36 | 0.22 | 34 | 0.05 | 62 |
| 哥斯达黎加 | 0.14 | 59 | 0.09 | 61 | 0.26 | 30 | 0.04 | 64 | 0.19 | 31 |

续表

| 国家 | DTRI | | A. 财政限制和市场准入 | | B. 设立限制 | | C. 数据限制 | | D. 贸易限制 | |
|---|---|---|---|---|---|---|---|---|---|---|
| | 指数 | 排名 | 指数 | 排名 | 指数 | 排名 | 指数 | 排名 | 指数 | 排名 |
| 巴拿马 | 0.13 | 60 | 0.22 | 35 | 0.27 | 29 | 0.03 | 65 | 0.02 | 64 |
| 爱尔兰 | 0.13 | 62 | 0.19 | 51 | 0.07 | 63 | 0.20 | 42 | 0.05 | 58 |
| 挪威 | 0.13 | 63 | 0.05 | 63 | 0.25 | 32 | 0.13 | 57 | 0.08 | 56 |
| 冰岛 | 0.11 | 64 | 0.09 | 60 | 0.10 | 60 | 0.19 | 46 | 0.08 | 55 |
| 新西兰 | 0.09 | 65 | 0.08 | 62 | 0.07 | 64 | 0.22 | 35 | 0.00 | 65 |

资料来源：DTRI。

4. 有关 DRTI 的总体评价

第一，与 OECD 数字服务贸易限制指数相比，DRTI 不仅涉及服务贸易领域，也涉及货物贸易领域。因此，DRTI 覆盖了 ICT 产品的关税水平，以及数字产品的贸易保护措施等货物领域的问题，这是 OECD 指数没有涉及的领域。

第二，相比 OECD 指数，DTRI 指标群的覆盖面更广，税收和补贴、政府采购、竞争政策、投资、自然人流动、中间商责任、内容访问、标准制定等都是 OECD 指数没有涉及的。而 OECD 指数着重强调的基础设施领域，DRTI 并未作为重点。

第三，DTRI 采用的是机构合作方的调研问卷数据和内部渠道获取的指标数据，甚至还有大量的新闻报道。相比 OECD 指数，DTRI 的数据可能比较细致和深入，但由于其并未公布数据采集的具体方式和原始数据，相关报道与实际情况也有一定偏差，因此部分数据来源的可靠性和透明度存在疑问。

## （二）指标群的具体情况

### 1. 财政限制

财政限制指标群包括关税和贸易保护、税收和补贴、政府采购三个指标。在财政限制指标群中，印度排名第一，得分为0.63，尽管在三个分指标中印度的排名都不是最高的；巴西和中国在该指标群中分别排名第二和第三，三个经济体都是大型新兴经济体。在这个指标群中，美国是十大限制最高的国家中唯一的OECD经济体。

相比之下，新加坡在该指标群中几乎没有任何限制，总体得分为0.02。其他小型开放经济体，例如挪威、新西兰、冰岛和哥斯达黎加，在这一指标群的得分也很低。所有国家/地区在该指标群的平均限制为0.25，几乎等于整个DTRI的平均值0.24。

表4-4　DTRI财政限制指标群的得分和排名

| 国家 | A. 财政限制和市场准入 | | 税收和贸易保护 | 征税和补贴 | 政府采购 |
|---|---|---|---|---|---|
| | 指数 | 排名 | 排名 | 排名 | 排名 |
| 印度 | 0.63 | 1 | 4 | 7 | 2 |
| 巴西 | 0.62 | 2 | 2 | 1 | 8 |
| 中国 | 0.60 | 3 | 10 | 4 | 1 |
| 阿根廷 | 0.49 | 4 | 1 | 3 | 27 |
| 巴基斯坦 | 0.49 | 5 | 3 | 5 | 21 |
| 印度尼西亚 | 0.43 | 6 | 13 | 48 | 4 |
| 南非 | 0.43 | 7 | 45 | 39 | 3 |
| 尼日利亚 | 0.41 | 8 | 5 | 10 | 15 |
| 俄罗斯 | 0.40 | 9 | 6 | 15 | 12 |
| 美国 | 0.37 | 10 | 51 | 14 | 5 |
| 土耳其 | 0.35 | 11 | 43 | 2 | 14 |

续表

| 国家 | A. 财政限制和市场准入 | | 税收和贸易保护 | 征税和补贴 | 政府采购 |
|---|---|---|---|---|---|
| | 指数 | 排名 | 排名 | 排名 | 排名 |
| 希腊 | 0.33 | 12 | 26 | 25 | 10 |
| 韩国 | 0.33 | 13 | 48 | 13 | 7 |
| 巴拉圭 | 0.32 | 14 | 9 | 37 | 16 |
| 厄瓜多尔 | 0.31 | 15 | 47 | 19 | 6 |
| 智利 | 0.28 | 16 | 8 | 11 | 43 |
| 意大利 | 0.28 | 17 | 29 | 26 | 17 |
| 泰国 | 0.27 | 18 | 12 | 41 | 25 |
| 文莱 | 0.27 | 19 | 7 | 50 | 28 |
| 菲律宾 | 0.27 | 20 | 11 | 63 | 23 |
| 匈牙利 | 0.26 | 21 | 27 | 12 | 34 |
| 法国 | 0.26 | 22 | 24 | 6 | 51 |
| 英国 | 0.25 | 23 | 42 | 57 | 18 |
| 澳大利亚 | 0.25 | 24 | 52 | 49 | 9 |
| 墨西哥 | 0.24 | 25 | 49 | 9 | 26 |
| 保加利亚 | 0.24 | 26 | 17 | 51 | 19 |
| 捷克 | 0.24 | 27 | 20 | 23 | 32 |
| 德国 | 0.24 | 28 | 25 | 24 | 33 |
| 拉脱维亚 | 0.24 | 29 | 30 | 27 | 35 |
| 立陶宛 | 0.24 | 30 | 31 | 28 | 36 |
| 荷兰 | 0.24 | 31 | 34 | 29 | 37 |
| 罗马尼亚 | 0.24 | 32 | 37 | 31 | 39 |
| 欧盟 | 0.23 | 33 | 14 | 43 | 42 |
| 葡萄牙 | 0.23 | 34 | 36 | 47 | 38 |
| 巴拿马 | 0.22 | 35 | 44 | 62 | 22 |
| 越南 | 0.22 | 36 | 46 | 65 | 24 |
| 塞浦路斯 | 0.21 | 37 | 19 | 52 | 31 |

资料来源：DTRI。

（1）关税和贸易保护。

尽管过去几十年数字商品关税大大降低，尤其是得益于 WTO《信息技术协定》（ITA）和 WTO《信息技术扩围协定》的通过。但是，一系列数字商品仍受到贸易限制。DTRI 表明，即使是很低的关税，也会对 ICT 产品及其投入的可贸易性造成负担，特别是付款背后的文书工作。

关税和贸易保护章评分的主要部分是适用于 ICT 产品及其投入的关税税率。拉丁美洲和亚洲国家 / 地区的 ICT 产品及其投入的最高关税税率以及这些产品的平均最惠国关税最高。得分最高的三个国家是阿根廷、巴西和巴基斯坦。这些国家都没有签署 WTO《信息技术扩围协定》，不仅征收高额关税，还针对数字商品制定了贸易保护措施。阿根廷、中国、巴基斯坦和越南对这些产品的最高关税税率是 35%。只有挪威和新加坡等少数国家 / 地区对数字商品征收零关税，也没有针对此类商品的贸易保护措施。

（2）税收和补贴。

税收和补贴问题在许多国家是敏感话题。税收和补贴章是与数字商品和产品、数字服务和数据使用的税收有关的限制。此外还涉及歧视性实施补贴计划的情况。调查结果是根据 OECD 商品服务税（GST）/ 增值税（VAT）指南以及全球主要会计和咨询公司的税收标准进行评估的。

DTRI 表明，新兴市场限制最大，尤其是在针对数字商品和 / 或服务的歧视性税收制度领域。所有国家 / 地区的平均得分为 0.13，巴西得分最高，超过 0.50。土耳其和阿根廷分列第二、三位。限制最高的十个国家大多新兴经济体，只有法国和日本分别排名第六和第八。

（3）政府采购。

参与政府采购的限制可能对数字贸易构成很大障碍，尤其是考虑到在某些经济体中，政府采购市场占 GDP 的比例高达 15%。限制措施可能采取不同的形式，从一般的优惠购买计划到更具体的措施，例如要求转让专利和源代码以及强制使用某些技术的措施。需要指出的是，该指数数据库列出的许多与政府采购有关的政策和实践都是横向测量，适用于所有行业，或适用于多个产品和服务行业，包括数字产品和服务。

中国、印度和南非是在政府采购市场上实施贸易限制最多的三个国家。总体而言，金砖国家对政府采购市场的数字贸易采取最为严格的措施。除墨西哥外，金砖国家和薄荷四国（墨西哥、印度尼西亚、尼日利亚、土耳其）在政府采购的限制方面均位居前 15 名。15 个限制最严格的国家还包括是澳大利亚、日本、韩国和美国等发达经济体。相反，欧洲国家在政府采购方面比较开放，新西兰是唯一得分为 0 的国家。

2. 设立限制

设立限制包括投资、知识产权、竞争政策和商业流动性四项指标。该指标群的限制指数平均为 0.27，略高于 DTRI 的总体平均值 0.24。

中国以 0.77 分在该指标群排名第一，远高于其他国家。除了商业流动性章节之外，中国在该指标群的所有章节均排名第一。得分超过

0.50 的还有泰国和越南。在设立限制方面，十大限制最严格的国家有两个是 OECD 国家，即瑞士和法国。

设立限制指标群有六个国家的得分低于 0.10。按照限制最低的顺序，分别是新西兰、爱尔兰、英国、马耳他和冰岛。

DTRI 报告指出，数字贸易中的设立限制可能会对各国利用新的外国技术造成严重的负面影响。实际上，这些措施阻碍了溢出效应和国内公司采用国外技术。这意味着设立限制水平较高的国家，不太可能从最新技术中获得收益，也不太可能通过跨国公司的外商直接投资从溢出效应中获取经济利益。

表 4-5　DTRI 设立限制指标群的得分和排名

| 国家 | B. 设立限制 | | 外国投资 | 知识产权 | 竞争政策 | 商业流动 |
|---|---|---|---|---|---|---|
| | 指数 | 排名 | 排名 | 排名 | 排名 | 排名 |
| 中国 | 0.77 | 1 | 1 | 1 | 1 | 30 |
| 泰国 | 0.54 | 2 | 3 | 7 | 7 | 26 |
| 越南 | 0.50 | 3 | 10 | 18 | 8 | 18 |
| 马来西亚 | 0.45 | 5 | 16 | 41 | 6 | 24 |
| 瑞士 | 0.44 | 6 | 14 | 17 | 19 | 6 |
| 厄瓜多尔 | 0.42 | 7 | 17 | 4 | 14 | 36 |
| 印度 | 0.40 | 8 | 5 | 8 | 45 | 19 |
| 俄罗斯 | 0.40 | 9 | 8 | 16 | 48 | 2 |
| 法国 | 0.40 | 10 | 22 | 38 | 4 | 22 |
| 德国 | 0.40 | 11 | 27 | 12 | 5 | 42 |
| 美国 | 0.38 | 12 | 13 | 63 | 9 | 46 |
| 印度尼西亚 | 0.36 | 13 | 12 | 10 | 46 | 23 |
| 日本 | 0.35 | 14 | 9 | 24 | 36 | 28 |
| 南非 | 0.34 | 15 | 50 | 46 | 2 | 7 |

续表

| 国家 | B. 设立限制 | | 外国投资 | 知识产权 | 竞争政策 | 商业流动 |
| --- | --- | --- | --- | --- | --- | --- |
| | 指数 | 排名 | 排名 | 排名 | 排名 | 排名 |
| 菲律宾 | 0.34 | 16 | 7 | 54 | 38 | 10 |
| 巴西 | 0.33 | 17 | 15 | 39 | 26 | 21 |
| 比利时 | 0.33 | 18 | 19 | 42 | 24 | 31 |
| 斯洛伐克 | 0.33 | 19 | 44 | 33 | 3 | 55 |
| 保加利亚 | 0.32 | 20 | 47 | 13 | 12 | 9 |
| 哥伦比亚 | 0.32 | 21 | 30 | 25 | 10 | 35 |
| 文莱 | 0.32 | 22 | 20 | 19 | 40 | 4 |
| 希腊 | 0.31 | 23 | 29 | 22 | 21 | 12 |
| 罗马尼亚 | 0.31 | 24 | 49 | 32 | 23 | 1 |
| 墨西哥 | 0.30 | 25 | 32 | 34 | 11 | 37 |
| 加拿大 | 0.29 | 26 | 2 | 40 | 53 | 41 |
| 澳大利亚 | 0.28 | 27 | 4 | 45 | 52 | 20 |
| 阿根廷 | 0.28 | 28 | 28 | 3 | 27 | 57 |
| 巴拿马 | 0.27 | 29 | 36 | 61 | 18 | 3 |
| 哥斯达黎加 | 0.26 | 30 | 31 | 26 | 13 | 58 |
| 葡萄牙 | 0.25 | 31 | 60 | 31 | 22 | 15 |
| 挪威 | 0.25 | 32 | 18 | 35 | 47 | 64 |
| 荷兰 | 0.25 | 33 | 40 | 5 | 32 | 44 |
| 韩国 | 0.25 | 34 | 11 | 36 | 64 | 59 |
| 巴拉圭 | 0.24 | 35 | 38 | 20 | 25 | 65 |
| 秘鲁 | 0.24 | 36 | 65 | 6 | 37 | 17 |
| 新加坡 | 0.24 | 37 | 24 | 62 | 49 | 5 |
| 瑞典 | 0.23 | 38 | 37 | 44 | 16 | 63 |
| 奥地利 | 0.23 | 39 | 41 | 21 | 41 | 11 |

资料来源：DTRI。

（1）投资。

数字贸易在很大程度上依赖于对电信、计算机服务、互联网出版服务和数字商品制造的投资。因此，数据库涵盖了所有权限制、董事和经理的国家和居住要求、投资审查和类似措施。

样本中有15个国家/地区完全开放与数字相关的投资，有11个国家/地区的得分高于0.50，意味着存在明显限制。其中既有发达经济体，如澳大利亚、加拿大、日本和韩国，也有发展中经济体，如中国、印度、菲律宾、俄罗斯、泰国和越南。限制指数排名前三的国家是中国、加拿大和泰国。

① 外资股权限制。

约有三分之一的经济体对至少一个数字贸易关键部门的外资股权有一定的份额限制。限制性最强的经济体是中国、印度、印度尼西亚、日本、韩国、菲律宾、俄罗斯和泰国。在这些经济体中，要么是完全禁止特定行业，要么是外商投资限于少数股权。

在中国，增值电信服务的外资所有权上限为50%，包括在线数据库存储和搜索、电子数据交换、在线数据处理和交易处理、国内多方通信服务、国内互联网虚拟专用网业务（IP-VPN）、互联网服务提供（ISP）、ICP以及视频电话会议。外资对基础电信服务（即固定、移动和互联网）的投资上限为49%。但实际上，电信市场对外资企业是不开放的。此外，包括网络游戏在内的互联网出版服务是禁止外商投资的行业。

② 投资审查。

投资措施还可能与投资审查和收购有关。一些措施要求外国投资者表明该投资可能产生净经济效益。例如，保加利亚、加拿大、中国、爱尔兰、马来西亚、墨西哥、尼日利亚和越南实施了此类措施。此外，政府对外国投资是否违反国家利益有横向审查要求，澳大利亚、奥地利、加拿大、中国、法国、德国、印度、意大利、墨西哥、挪威、俄罗斯、泰国、英国和美国等多个国家 / 地区就是这种情况。但是据初步统计，只有三个国家在实践中使用过上述审查要求，以阻止外商投资进入对数字贸易至关重要的行业之一，分别是澳大利亚、加拿大和美国。

（2）知识产权。

知识产权在促进数字经济的创新和创造力方面发挥着至关重要的作用。制定既过于不严格也过分不宽松的法律，对于营造数字行业创新的良好环境至关重要。

本章得分唯一高于 0.50 的国家是中国，其知识产权政策导致数字贸易成本高昂的程度远远高于其他国家。排名第二的国家是西班牙，其次是阿根廷、厄瓜多尔、荷兰、秘鲁和泰国。新西兰和尼日利亚得分最低。

中国在知识产权领域的限制措施包括：一系列本土创新促进政策，非中国法人实体不能获得中国政府的产品认证；非居民外国人必须选用官方指定的中国代理机构代表其申请专利。

（3）竞争政策。

竞争政策指标主要关注电信部门，但也涉及其他相关行业适用的措施。电信部门对数字经济至关重要。广泛使用电信服务也被认为是通过数字贸易实现国家社会和经济发展的条件之一。

样本中有14个经济体没有对电信市场或任何其他与数字贸易有关的部门施加任何限制，因此得分为0。但是，也有11个经济体的得分高于0.50，包括中国、法国、德国、马来西亚、斯洛伐克、南非、泰国、越南、美国、哥伦比亚和墨西哥。

中国是一个离群值，其得分明显高于其后的国家。因为中国的电信行业尚未开放，仅有几家国有企业活跃在市场的各个领域。此外，据报道，中国对互联网协议语音（VoIP）服务公司施加了严格的限制，要求供应商具有增值服务（VAS）许可证，以及基础电信服务许可证，以便将VoIP服务与公共交换电信网络互联。

（4）商业流动性。

商业流动的限制主要包括影响自然人流动的措施。自然人流动的目的是临时提供出国服务。限制措施包括配额、劳动力市场测试以及外国自然人服务提供者的停留期限。这些措施通常是横向覆盖，不仅仅针对数字部门，但也影响数字贸易，因此与适用于特定数字部门的其他措施一并列出。

罗马尼亚是数字行业中商业流动性最受限制的国家，位居榜首。俄罗斯紧随其后，文莱、巴拿马、新加坡和瑞士并列第三。

**3. 数据限制**

数据限制指标群包括数据政策、中介责任和内容访问三项指标。

中国以0.82分在该指标群排名第一，其次是俄罗斯和土耳其。只有这三个国家得分高于0.50。法国和德国分别排名第四和第七，在数据流动、使用和访问政策上同样有严格限制。韩国也是限制性最强的十个国家之一，排名第八。另一方面，样本中有四个国家的限制水平特别低，得分低于0.05，分别是智利、哥斯达黎加、日本和巴拿马。该指标群的平均限制水平为0.25，仅略高于综合指数的平均值0.24。

表4-6　DTRI 数据限制指标群的得分和排名

| 国家 | C. 数据限制 | | 数据政策 | 中间商责任 | 内容获取 |
|---|---|---|---|---|---|
| | 指数 | 排名 | 排名 | 排名 | 排名 |
| 中国 | 0.82 | 1 | 3 | 1 | 1 |
| 俄罗斯 | 0.63 | 2 | 1 | 18 | 4 |
| 土耳其 | 0.60 | 3 | 2 | 2 | 11 |
| 法国 | 0.45 | 4 | 5 | 20 | 12 |
| 印度尼西亚 | 0.44 | 5 | 18 | 9 | 6 |
| 越南 | 0.43 | 6 | 9 | 51 | 2 |
| 德国 | 0.41 | 7 | 4 | 30 | 13 |
| 韩国 | 0.39 | 8 | 6 | 23 | 26 |
| 文莱 | 0.38 | 9 | 44 | 4 | 5 |
| 丹麦 | 0.35 | 10 | 7 | 27 | 15 |
| 马来西亚 | 0.35 | 11 | 55 | 45 | 3 |
| 立陶宛 | 0.34 | 12 | 29 | 7 | 20 |
| 芬兰 | 0.33 | 13 | 10 | 29 | 16 |
| 意大利 | 0.31 | 14 | 11 | 34 | 19 |
| 英国 | 0.31 | 15 | 12 | 43 | 23 |
| 印度 | 0.31 | 16 | 42 | 22 | 8 |
| 巴基斯坦 | 0.30 | 17 | 54 | 14 | 9 |
| 西班牙 | 0.30 | 18 | 15 | 42 | 25 |

续表

| 国家 | C. 数据限制 | | 数据政策 | 中间商责任 | 内容获取 |
|---|---|---|---|---|---|
| | 指数 | 排名 | 排名 | 排名 | 排名 |
| 匈牙利 | 0.30 | 19 | 20 | 32 | 18 |
| 泰国 | 0.29 | 20 | 62 | 3 | 10 |
| 罗马尼亚 | 0.27 | 21 | 34 | 39 | 22 |
| 波兰 | 0.27 | 22 | 8 | 38 | 34 |
| 墨西哥 | 0.26 | 23 | 23 | 11 | 59 |
| 瑞典 | 0.26 | 24 | 17 | 21 | 54 |
| 澳大利亚 | 0.25 | 25 | 14 | 52 | 14 |
| 瑞士 | 0.25 | 26 | 37 | 17 | 36 |
| 加拿大 | 0.25 | 27 | 13 | 50 | 27 |
| 新加坡 | 0.25 | 28 | 38 | 64 | 7 |
| 欧盟 | 0.24 | 29 | 21 | 49 | 29 |
| 希腊 | 0.23 | 30 | 16 | 31 | 33 |
| 哥伦比亚 | 0.23 | 31 | 43 | 5 | 40 |
| 尼日利亚 | 0.23 | 32 | 45 | 13 | 60 |
| 马耳他 | 0.22 | 33 | 19 | 37 | 51 |
| 秘鲁 | 0.22 | 34 | 48 | 16 | 63 |
| 新西兰 | 0.22 | 35 | 49 | 12 | 35 |
| 葡萄牙 | 0.22 | 36 | 30 | 60 | 21 |
| 奥地利 | 0.21 | 37 | 31 | 55 | 17 |
| 南非 | 0.20 | 38 | 51 | 47 | 28 |

资料来源：DTRI。

（1）数据政策。

数据政策章列出了所有限制电子数据流动并因此增加数字交易成本的措施。在数据政策方面限制最大的国家是俄罗斯，其次是土耳其，中国列第三。紧随其后的是一系列高收入经济体，包括丹麦、法国、德国和韩国，其得分均高于 0.50。

中国采取了一系列直接影响跨境数据流动的措施。《网络安全法》有广泛的数据本地化要求，关键信息基础设施运营者产生和收集的重要数据和个人信息的必须保存在中国境内，如因业务需要数据传输到境外，必须进行安全评估。在金融、医疗、出租车、地图服务等领域，中国也有一系列特殊的数据本地化规则。此外，中国要求互联网服务提供商将用户数据保留至少 60 天，《移动互联网应用程序信息服务管理规定》也要求应用程序提供商将用户活动记录保留 60 天。

本章中有三个国家的得分高于 0.50，分别是中国、土耳其和泰国。另一方面，有 19 个国家在这一领域没有或者几乎没有限制。

（2）内容访问。

在线访问某些内容的限制可能会增加在线提供服务的成本，甚至不可能提供在线服务。因此，内容访问章专门讨论与通过网络进行内容阻止、过滤和区分有关的问题。

在该章中共有六个国家 / 地区得分高于 0.50，分别是中国、越南、马来西亚、俄罗斯、文莱和印度尼西亚。相比之下，大约 30 个国家 / 地区没有或几乎没有内容访问限制。这些国家主要分布在欧洲和拉丁美洲，是较小的开放型经济体。

4. 贸易限制

贸易限制指标群包括数量贸易限制、标准、在线销售与交易三项指标。中国以 0.63 分在该指标群排名第一，尽管中国仅在“标准”一章中排名最高。得分高于 0.50 的国家还有阿根廷和越南。

该指标群得分最高的 10 个国家都是新兴经济体。新西兰是唯一在该领域没有限制的国家，巴拿马和瑞士几乎也没有限制。该指标群的平均限制水平为 0.21，与综合指数的平均值 0.24 要低一些。

表 4-7　DTRI 交易限制指标群的得分和排名

| 国家 | D. 贸易限制 | | 数量贸易限制 | 标准 | 在线销售和交易 |
|---|---|---|---|---|---|
| | 指数 | 排名 | 排名 | 排名 | 排名 |
| 中国 | 0.63 | 1 | 2 | 1 | 5 |
| 阿根廷 | 0.57 | 2 | 1 | 19 | 2 |
| 越南 | 0.51 | 3 | 10 | 4 | 1 |
| 巴西 | 0.49 | 4 | 3 | 8 | 4 |
| 印度尼西亚 | 0.48 | 5 | 6 | 10 | 3 |
| 俄罗斯 | 0.43 | 6 | 9 | 17 | 8 |
| 印度 | 0.40 | 7 | 28 | 2 | 12 |
| 土耳其 | 0.37 | 8 | 4 | 12 | 34 |
| 厄瓜多尔 | 0.35 | 9 | 5 | 9 | 32 |
| 马来西亚 | 0.35 | 10 | 7 | 29 | 13 |
| 尼日利亚 | 0.34 | 11 | 8 | 18 | 24 |
| 法国 | 0.33 | 12 | 16 | 43 | 6 |
| 巴基斯坦 | 0.31 | 13 | 27 | 5 | 33 |
| 西班牙 | 0.29 | 15 | 25 | 58 | 11 |
| 韩国 | 0.28 | 16 | 57 | 3 | 10 |
| 泰国 | 0.28 | 17 | 33 | 20 | 15 |
| 墨西哥 | 0.27 | 19 | 34 | 11 | 14 |
| 加拿大 | 0.26 | 20 | 31 | 13 | 27 |

续表

| 国家 | D. 贸易限制 | | 数量贸易限制 | 标准 | 在线销售和交易 |
|---|---|---|---|---|---|
| | 指数 | 排名 | 排名 | 排名 | 排名 |
| 德国 | 0.26 | 21 | 41 | 21 | 9 |
| 罗马尼亚 | 0.25 | 22 | 22 | 55 | 18 |
| 克罗地亚 | 0.25 | 23 | 12 | 38 | 19 |
| 塞浦路斯 | 0.25 | 24 | 13 | 39 | 20 |
| 意大利 | 0.25 | 25 | 18 | 47 | 22 |
| 以色列 | 0.23 | 26 | 29 | 7 | 63 |
| 匈牙利 | 0.22 | 27 | 17 | 45 | 29 |
| 波兰 | 0.20 | 28 | 21 | 53 | 42 |
| 斯洛伐克 | 0.20 | 29 | 23 | 56 | 43 |
| 斯洛文尼亚 | 0.20 | 30 | 24 | 57 | 44 |
| 哥斯达黎加 | 0.19 | 31 | 54 | 15 | 16 |
| 爱沙尼亚 | 0.17 | 32 | 15 | 42 | 50 |
| 菲律宾 | 0.17 | 33 | 36 | 26 | 25 |
| 欧盟 | 0.16 | 34 | 32 | 32 | 38 |
| 芬兰 | 0.16 | 35 | 40 | 24 | 28 |
| 澳大利亚 | 0.15 | 36 | 30 | 34 | 47 |
| 比利时 | 0.15 | 37 | 11 | 36 | 55 |
| 捷克 | 0.15 | 38 | 14 | 40 | 56 |

资料来源：DTRI。

（1）数量限制。

数字限制章衡量的是对数字商品和产品进出口产生负面影响的不同类型的定量贸易措施。一方面，包括进出口限制，例如禁令和配额，以及过度限制或不透明的进口许可计划和程序。另一方面，也包括适用于产品和服务的本地内容要求（LCR）。

该章指标的得分分布在0到0.90之间。得分最高的前十个国家多为亚洲和拉丁美洲国家。得分最高的国家是阿根廷，中国排名第二，紧随其后的是巴西和土耳其。

中国有针对某些化学、机械和电气产品的非自动进口许可程序（《2014年进口许可证管理货物目录》）[①]。此外，根据《2014年关税实施方案》，对10个非全税目信息技术产品继续实行海关核查管理。据报道，中国对银行业使用的信息通讯设备施加了本地内容要求。中国还是为数不多的有出口限制的国家之一。出于国家安全原因，中国限制先进无人机和超级计算机的出口，并且对一系列用于生产智能手机和电池的原材料实行了一系列出口限制，包括出口关税和出口配额。

（2）技术标准。

标准可以确保和促进商品和服务的互操作性，采用国际标准可以避免跨境重复检测，从而促进贸易。某些国家实施的附加标准超出了国际标准的要求，因此对贸易构成了限制，结果是这些措施会阻碍数字商品和服务的贸易。

64个国家/地区中约有一半在这方面没有任何限制，只有中国的分数高于0.50。紧随其后的是印度、韩国和越南。

全球射频识别（RFID）方面尽管已有国际标准，中国在没有国际

① 《2014年进口许可证管理货物目录》（商务部公告2013年第97号）已被废止。

参与或共识的情况下制定了强制性的 RFID 国内标准。另据报道，中国目前对电信设备的认证要求可能与 WTO 义务相冲突，WTO 要求进口产品限制不得超过一种合格评定方案，并且对所有产品都要求使用相同的标记（《中国加入世界贸易组织议定书》第 13.4（a）条）。而中国目前有三种不同的许可制度，即中国强制认证（CCC）、电信设备进网许可（NAL）和无线电型号核准（SRRC/RTA）。

中国正在越来越多地开发和授权与国际标准不同的加密技术国家算法。这些标准由不对外开放的技术委员会制定。中国对加密标准有一些限制：首先，尽管无线安全已有国际标准（IEEE 802.11i），仍要求在所有无线设备中使用本地开发的加密标准。此外，工信部发布的行业分析表明，繁琐且具有侵入性的测试程序，例如源代码审查，可能会威胁公司拥有的敏感知识产权。再者，进出口加密产品必须经过国家密码管理局（OSCCA）的认证。禁止使用未经 OSCCA 认证的加密产品，无论使用是公共、商业的还是个人的性质。

（3）在线销售与交易。

该章涉及对在线销售和交易的限制，包括与电子支付和域名有关的限制。在本章中得分前三位的分别是越南、阿根廷和印度尼西亚。中国排在第五位。

在中国，快递服务的行政许可不透明且程序繁琐。据报道，《邮政法》和其他法规要求的快递操作许可证是阻碍竞争的瓶颈。例如，由于公司被要求向每个设有邮政管理部门的城市申请许可证，因此，如果要在国家一级开展业务，至少需要经过上百项审批程序。

中国对注册网站的要求非常严格，所有国内外网站都必须申请互联网内容提供商（ICP）许可证才能在中国运营网站。没有 ICP 许可证，网站可以在不进行通知的情况下被托管服务提供商关闭。此外还需要在当地设立机构。

总体而言，撇开上述两大指标体系的取向问题和存疑部分不论，我国数字领域的限制的确比较高。随着数字经济的作用不断凸显，尽管许多国家在数字领域采取了越来越多的限制措施，但是，我国已经存在广泛的限制措施，并且还在不断强化相关安全监管。在这种情况下，我国推进数字领域高水平对外开放任重道远，亟须取得突破。应当看到，数字领域对外开放必须统筹好安全发展两件大事，因此，地方层面为国家试制度，将是推进数字领域高水平对外开放的重要路径。

## 第二节　我国数字领域对外开放的现状

### 一、国内法制体系建设

我国数字领域法治建设做好充分准备，是有效应对高标准数字贸易规则的挑战和推进数字领域高水平对外开放的基础。近几年来，我国加快出台数字相关法律法规，不断完善数字法制体系。

#### （一）数字贸易便利化

我国不断加快推动建立适应新主体、新模式发展的数字贸易法律体系。2019 年 1 月《电子商务法》生效，对电子商务经营的主体责任、交易与服务安全、消费者权益保护、市场秩序、公平竞争等内容作出了规定，为我国数字贸易全面发展奠定了坚实的法制保障。

电子签名和电子认证方面，我国已经构建起相对成熟的法律制度。《电子商务法》明确，电子商务当事人订立和履行合同适用《电子签名法》等法律的规定。2005 年 4 月《电子签名法》生效，赋予电子签名与手写签名同等法律效力，消除了数字贸易发展的一大法律障碍。《电子签名法》规定，电子签名需要第三方认证的，由依法设立的电子认证服务提供者提供认证服务，同时对境外的电子认证服务提供者在境外签发的电子签名认证证书的法律效力作了规定。

跨境电子商务方面，有关部委出台了一系列规范性文件，以灵活调整贸易政策和适应贸易新发展，推动跨境电子商务管理制度和监管体系建设。2018 年 11 月，商务部等六部委联合发布《关于完善跨境电子商务零售进口监管有关工作的通知》(商财发〔2018〕486 号)，明确了两种跨境电商零售进口模式的管理制度，即“网购保税进口”(海关监管方式代码 1210）和“直购进口”(海关监管方式代码 9610)。2020 年 6 月，海关总署发布《关于开展跨境电子商务企业对企业出口监管试点的公告》(公告〔2020〕75 号)，在全国海关范围内全面复制推广跨境电商 B2B 出口监管试点，对跨境电商 B2B 直接出口（海关监管方式代码 9710）和跨境电商出口海外仓（海关监管方式代码 9810）两种跨境电商 B2B 出口模式的管理作了明确。

## （二）数字贸易信任环境

线上消费者保护方面，我国已经具备相对完整的法律体系。我国出台并实施了《民法典》《消费者权益保护法》《电子商务法》《数据安全法》《个人信息保护法》《网络交易监督管理办法》《关于平台经济领域的反垄断指南》《公平竞争审查制度实施细则》等多部与线上消费者保护相关的法律、行政法规、部门规章或规范性文件。同时，我国也在不断推动在线争议解决机制（ODR）等纠纷解决新办法，提供更加快捷、成本更低的争议解决服务，以增强跨境商业互信。

个人信息保护方面，我国通过法制建设不断加强个人信息保护力度。2021 年 11 月生效的《个人信息保护法》对个人信息保护作了全面规定。《民法典》《刑法》《网络安全法》《数据安全法》《电子商务法》《消费者权益保护法》《全国人民代表大会常务委员会关于加强网络信息保护的决定》等相关法律也涉及个人信息保护。此外，我国还出台了大量法规、规章、规范性文件和司法解释，如《电信条例》《征信业管理条例》《地图管理条例》《快递业暂行条例》《规范互联网信息服务市场秩序若干规定》《儿童个人信息网络保护规定》《最高人民法院关于审理使用人脸识别技术处理个人信息相关民事案件适用法律若干问题的规定》等，以及相关国家标准，如《信息安全技术　个人信息安全规范》《信息安全技术　个人信息安全影响评估指南》《信息安全技术　个人信息去标识化指南》《信息安全技术　移动智能终端个人信息保护技术要求》等。

网络安全方面，我国网络安全法律体系逐步健全。2017 年 6 月正式生效的《网络安全法》是我国第一部网络安全管理的基础性保障法。《互联网新闻信息服务管理规定》《关键信息基础设施安全保护条例》《网络安全审查办法》等一系列配套制度的制定与出台，不断夯实网络安全立法架构。数据安全方面，《网络安全法》与《数据安全法》《区块链信息服务管理规定》《汽车数据安全管理若干规定（试行）》等法律法规共同构建起兼顾维护数据安全与促进数据流动的平衡机制。

（三）跨境数据流动

近五年来，中国正在加快数据领域立法进程，以《网络安全法》《数据安全法》和《个人信息保护法》为核心的法律框架初步形成，强调网络安全和数据安全。对于数据跨境流动，《网络安全法》第 37 条确立了关键信息基础设施运营者产生和收集的重要数据和个人信息出境的基本制度，即原则上要求本地存储，因业务需要向境外提供数据应当开展安全评估。根据上述规定，《数据出境安全评估办法》确立了风险自评估与安全评估相结合的机制，《关于汽车数据安全管理的若干规定（试行）》明确了汽车行业重要数据出境的相关规则，建立起以安全评估为主要机制的监管体系，明确了比较广泛的数据本地存储和处理要求。此外，我国还出台了《出口管制法》和《阻断外国法律与措施不当域外适用办法》等，为反击美国制裁以及阻断美国法律不当适用提供法律依据。

应当看到，我国跨境数据流动法律制度与 CPTPP 和 DEPA 相应条款总体方向一致。我国在承认跨境数据流动重要性的前提下，根据自身监管需求，为实现合法公共政策目标采取相关监管措施。但是，某项特定措施是否符合协定规定，仍有一定不确定性。对此，我国应当在数字贸易规则相关国际谈判中积极主张自身诉求，争取更大的监管空间。

## 二、国际数字协定谈判

自正式申请加入 CPTPP 和 DEPA 以及参加 WTO 电子商务谈判以来，我国积极准备，努力推动谈判取得成果，以加入高标准数字贸易协定倒逼国内数字领域高水平对外开放。

第一，积极推进加入 DEPA 谈判。2022 年 8 月，我国加入 DEPA 工作组正式成立，将全面推进加入 DEPA 的谈判。自提出申请以来，中国与 DEPA 成员方智利、新西兰、新加坡开展了各层级对话，包括利用不同场合在部级层面开展深入沟通交流；与 DEPA 成员方举行首席谈判代表会议、多次技术层磋商以及数字法律法规研讨会，全面回答成员方提出的中国数字经济管理相关问题。下一步，我国将在加入工作组框架下，全面做好加入 DEPA 的准备，与 DEPA 成员开展实质性谈判。

第二，积极参加 WTO 电子商务谈判。自 2019 年参加 WTO 电子商务谈判以来，我国先后提交多份提案，阐明有关电子商务谈判的立场和主张。其中既有对参加方共识的回应，如跨境电子商务便利化；也有自身独特利益的体现，如物流服务、支付服务、贸易政策改善、网络设备和产品；还有对发展中成员利益的关注，如能力建设和技术援助。我国的主张已被纳入2020年12月的谈判合并案文，如电子支付服务条款、改善贸易政策条款、物流服务条款、加强贸易便利化条款、提供贸易促进与支持服务条款以及电子商务相关网络设备及产品条款，有些主张在联合声明谈判清洁文本中也有反映。

第三，加快推进自贸协定升级谈判。自RCEP达成范围全面、水平较高的电子商务规则后，我国不断加快其他自贸协定电子商务规则谈判。我国正在开展中日韩自贸协定、中国—挪威自贸协定、中国—韩国自贸协定第二阶段、中国—秘鲁自贸协定升级等区域贸易协定谈判，并且正在研究中国—加拿大自贸协定、中国瑞士自贸协定升级等的可行性，电子商务都是谈判中非常重要的议题。

第四，积极参与数字议题交流合作。为了配合国际数字贸易规则谈判，与谈判形成良性互动，我国不仅积极参与G20、APEC有关电子商务、数据利用等议题的讨论，还主动参加OECD有关区块链、人工智能等议题的专家研讨。我国也积极参与OECD数字经济税收“双支柱”方案的相关工作。同时，我国密切关注G7、美欧贸易与技术委员会数字议题的最新动态。

## 三、地方层面政策试点

### （一）自贸试验区对标数字贸易规则开展先行先试

上海、北京等自贸试验区以及海南自由贸易港在总体方案中均明确要求促进数据跨境安全流动，不断强化数字基础设施建设，营造良好数字营商环境。

### 1. 上海探索跨境数据流动机制和无纸化贸易

一是率先推动数据跨境流动安全管理试点。①《中国（上海）自由贸易试验区临港新片区管理办法》特别强调了两个试点项目，一是对集成电路、人工智能、生物医药和总部经济等几个重点领域开展数据跨境流动安全评估、备份审查、数据保护能力认证、交易风险评估等数据跨境安全管理机制；二是开展国际合作规则“试点”，加大对专利、版权、商业秘密等权利和数据的保护力度，主动参与引领全球数字经济交流合作。以上两项试点旨在通过借鉴国际数据保护的先进经验，积极对标CPTPP数据跨境流动规则，在国家法律框架内遵循网络数据安全与促进先进技术应用相结合的原则，有效推进网络基础设施互联互通及数据跨境安全、自由流动和利用。

二是打造“信息飞鱼”全球数字经济创新岛。②为促进数据跨境高效流动，上海自贸试验区临港新片区加快推进“信息飞鱼”全球数字经济创新岛建设，以实现跨境数据流通和增值电信业务政策开放的“国际数据港”作为核心功能平台，以跨境数据关口——数据中心、新型互联网交换中心、国际互联网专用通道和数据安全中心为核心基础设施，推

---

① 参见《临港新片区在跨境数据流动和保护上的这两个“试点”，具有什么样的意义？》，上海自贸试验区临港新片区管理委员会网站，https://www.lingang.gov.cn/html/website/lg/index/news/Mediafocus/1465587695443337218.html，访问日期2023年5月22日。

② 参见《上海临港：建设全球数字经济创新岛　推动上海数字化转型发展》，中国服务贸易指南网，http://tradeinservices.mofcom.gov.cn/article/fazhansd/redongtai/202303/147121.html，访问日期2023年5月22日。

进人工算法、图像识别、知识计算引擎与知识服务等重要技术突破。其目标在于建立安全高效的跨境数据流动体系，积极吸引国内外职能研发、IC 设计和软件信息等数字产业集聚，建设“数字丝路”的国际枢纽口岸。

三是探索试行无纸化贸易。上海自贸试验区借鉴国际上的“单一窗口”和“一站式检验”等经验，建立国际贸易单一窗口并通过电子信息技术，将海关、检验检疫部门和边境执法等部门连接在一起，形成货物流动和海关监管的信息集散地，先行先试积极对标 DEPA 无纸化贸易规则。

2. 海南探索数据中心和电子票据业务管理

一是推动国际（离岸）数据中心试点。① 海南自贸港提出建设我国首个国际（离岸）数据中心，通过借鉴新加坡等地建设国际（离岸）数据中心的经验和模式，并根据增值电信业务开放范围要求，开展国际服务业务。同时，海南自贸港通过实施提供跨境云网一体化服务、自由行、跨海光缆、专线跨境等措施，积极对接 CPTPP 数据跨境自由流动、开放网络、源代码等条款要求。

二是加快部署国际互联网数据专用通道建设。② 近年来，海南自贸

---

① 参见《海南省工业和信息化厅关于印发〈海南省信息基础设施建设“十四五”规划〉的通知》，海南自贸港网战，https://www.hnftp.gov.cn/zcfg/zcwj/hnzc/202112/t20211208_3109107.html，访问日期 2023 年 5 月 22 日。

② 周念利、姚亭亭：《中国自由贸易试验区推进数据跨境流动的现状、难点及对策分析》，载《国际商务研究》2021 年第 3 期。

港积极开通国际互联网数据专用通道、功能型数据中心、新型互联网交换中心等一批新型基础设施，搭建数据跨境流动公共服务管理平台，旨在改善现有互联网通信质量，增强数据传输的稳定性，降低时延，提高传输效率。上述举措进一步提高了海南自贸港国际通信服务能力，从而有利于国内外向型企业顺利开展国际贸易业务，吸引更多优质跨国企业入驻自由贸易试验区。

三是率先推出电子票据业务管理机制。海南自贸港通过打造“网上申办、链上开票、链上流转、存证上链”的区块链财政电子票据应用管理平台，在全国率先推出智能化区块链财政电子票据业务管理机制，创新了“零跑腿、高效率、数字化”的“链上海南”政府服务新模式，为在海南自贸港建设中更好联通国际服务打下基础。①

除了上海、海南以外，北京也正在通过打造数字贸易试验区、率先推动跨境数据流动安全管理试点、成立北京国际大数据交易所、积极发展跨境电子商务、离案贸易，促进电子签名、电子合同及电子发票的互信互认，探索无纸化贸易等措施，营造开放性数字营商环境，加快建设全球数字贸易新高地。

### （二）主要城市推动数字经济国际合作

在我国申请加入 DEPA 的大背景下，国内城市积极谋划，与 DEPA

① 参见《我省推动区块链财政电子票据管理工作，便民降负一“链”到位》，海南省人民政府网，https://www.hainan.gov.cn/hainan/xdjr/202107/b34030b1a4f14654a919f83b37abf385.shtml，访问日期 2023 年 5 月 22 日。

成员方开展合作。新加坡在数字经济竞争力、智慧城市、数字包容性等多项数字经济相关排名中均居全球前列，是国内城市的首选对象。目前，深圳、重庆等地已经与新加坡签署协议，探索深化数字经济合作。

1. 深圳积极推动新中智慧城市合作①

2019 年，深圳市与新加坡通讯及新闻部在中新双边合作机制会议上签署了《关于新加坡—深圳智慧城市合作倡议的谅解备忘录》，有序推进智慧城市合作。

一是有力推动深圳外贸新发展。2020 年，双方签署首批合作项目谅解备忘录，涉及电子贸易、数字身份互认、科技人才交流培养、创新创业、跨境仲裁等领域。2021 年 1—8 月，深圳对新加坡进出口总额增长 6%，其中进口增长 22.4%。深圳抓住 5G、人工智能等数字技术新机遇，大力发展数字贸易、跨境电商等外贸新业态，2021 年上半年跨境电商交易额增长近 40%，跨境电商货物货值突破 1000 亿元。

二是不断拓展数字经济合作新领域。深圳与新加坡在跨境贸易无纸化、跨境电子支付、科技型初创企业和中小企业服务平台等方面合作取得重要成果。2021 年 10 月，新中（深圳）智慧城市项目合作联合执行委员会召开第二次会议，签署 4 个合作项目，包括电子发票、5G、物联网和区块链联合创新、智能机器人和智慧农业合作、数字孪生联合创

① 参见《深证联手新加坡，让城市越来越聪明》，深圳市政务服务数据管理局网站，http://www.sz.gov.cn/szzsj/gkmlpt/content/9/9266/mpost_9266829.html#19246，访问日期 2023 年 5 月 22 日。

新等领域，进一步加强两地在数字技术、数字经济、数字贸易、智慧港口、金融科技等领域的务实合作。

2. 重庆与新加坡共建中新国际数据通道①

2019 年 10 月，重庆市政府与新加坡资讯通信媒体发展局签署关于共建中新（重庆）国际互联网专用通道的战略合作备忘录，共同推动中新国际数据通道建设和发展。依托中新国际数据通道，双方将重点深化金融服务、航空产业、贸易物流、信息通信等四大领域合作，带动大数据、运输物流、数字内容等相关产业发展。

一是通道影响力逐步扩大。中新国际数据通道于 2019 年 9 月在新加坡正式开通，是中国首条、针对单一国家、点对点的国际数据专用通道。2021 年 8 月，四川、云南、广西、贵州正式加入中新国际数据通道建设和应用，共同推动中新国际数据通道“点对点”共享共用，深化中国西部地区与东盟地区“面对面”互联互通，深度参与数字经济国际合作，助推西部地区高水平开放、高质量发展。

二是应用场景加速拓展。中新国际数据通道最初的应用场景主要是工业互联网领域，加强重庆与“一带一路”沿线国家企业在协同创新、联合研发、数据处理等方面深度合作。目前，应用场景正逐步延展到智慧教育、5G 智慧旅游、智慧医疗等领域。如重庆市巴蜀中学校与新加

① 参见《第三届中新（重庆）国际互联网数据专用通道发展论坛举行　云贵川桂加入中新国际数据通道“朋友圈“》，重庆市人民政府网，http://www.cq.gov.cn/zjcq/yshj/zshd/202108/t20210824_9615061.html，访问日期 2023 年 5 月 22 日。

坡楷新国际教育集团、腾育科技（ACKTEC Techonlogies）签订战略合作协议，将通过借力技术支持和渠道资源等，把巴蜀优质教育资源推向全国乃至全球，通过科技与教育融合平台的建设提供个性化优质教育服务。

三是辐射带动作用初步显现。已有两江数字经济产业园、中国智谷（重庆）科技园、仙桃国际大数据谷等8大园区陆续接入，吸引海扶医疗、立信数据和新加坡斐瑞医院、泰来供应链等数十家中新企业、机构在远程医疗、智慧教育、高清视频等领域开展合作。此外，“中新数通”新加坡企业来渝一站式云服务平台正式上线，为中新企业合作和通道应用推广提供全方位服务。自2020年12月试运行以来，已上线认证企业697家、服务机构57家，发布服务、产品及需求信息766项。

3. 苏州对标DEPA数字经济规则开展试点[①]

苏州是与新加坡合作最为密切的城市之一。苏州工业园区是中国和新加坡合作的重要项目。苏州不断深化与新加坡的开放创新合作，在数字经济方面与新加坡开展先行先试合作，包括对标DEPA数字经济规则开展试点。2023年4月，苏州市发布《苏州市推进数字贸易加快发展若干措施》，提出要对标国际，探索建立数字贸易多领域规则标准，发挥江苏自贸试验区苏州片区开放创新平台优势，推动多双边服务规则协

① 参见《市政府办公室关于印发苏州市推进数字贸易加快发展若干措施的通知》，苏州市人民政府网，https://www.suzhou.gov.cn/szsrmzf/zfbgswj/202304/6f1aa7c9e65548e0a2ec32280b6351d1.shtml，访问日期2023年8月21日。

调，建立健全产业数字化标准体系，促进数字贸易领域开放合作。

一是加快国际规则对接。积极对接 RCEP、DEPA、CPTPP 等在数据交互、分级分类、业务互通、监管互认、服务共享等方面的数字贸易规则。发挥苏州工业园区中新合作平台作用，在 DEPA 框架下，争取苏州与新加坡的数字身份互认体系试点。支持数字贸易基地和重点企业参与各层次数字贸易、数据治理机制和区域性数字领域经贸合作。

二是探索数据跨境流动监管体系。发挥自贸试验区先行先试作用，支持苏州工业园区建设数据跨境传输公共服务平台，出台数据跨境流动管理办法，制定跨境数据流动安全保障和分类监管机制。探索商业数据跨境流动、跨境交易模式，构建数据跨境流通便利化体系，争取国家跨境数据流动安全管理试点。深化跨境数据保护规制合作，促进数字证书和电子签名的国际互认。

除了深圳、重庆、苏州以外，上海等城市也在推动与新加坡的数字经济合作。上海、北京等地的自贸试验区积极开展研究，对标 DEPA 高标准数字经济规则，探索跨境数据流动机制便利化、数据监管沙盒、离岸数据中心等试点。必须指出的是，对标 CPTPP、DEPA 跨境数据流动等高标准规则的试点尚未真正破题，数字领域制度型开放亟待推进。

# 第五章

# 对标高标准数字贸易规则推进高水平对外开放的对策

当前，我国应当以习近平新时代中国特色社会主义思想为指导，全面贯彻党的二十大精神，对标 CPTPP 和 DEPA 等高标准数字贸易规则，从更大范围、更深层次加快推进数字领域高水平对外开放，提升数字贸易自由化便利化，促进数据跨境安全自由流动，改善数字营商环境，抢占数字时代制高点。

## 第一节　推进数字领域对外开放的制度保障

近年来，围绕发展数字经济和贸易，以及推进数字领域对外开放，中央密集出台了一系列政策文件。2019 年 11 月，《中共中央　国务院关于推进贸易高质量发展的指导意见》首次提出加快数字贸易发展。2020 年 4 月，商务部会同中央网信办、工业和信息化部联合发布公告，认定上海浦东软件园等 12 个园区为国家数字服务出口基地。2020 年 8 月，商务部印发《全面深化服务贸易创新发展试点总体方案》，提出推动数字营商环境便利化，大力发展数字贸易，使服务贸易成为对外开放新动力。2021 年 10 月，商务部等 24 部门发布《"十四五" 服务贸易发展规划》，提出放宽服务领域市场准入，提高跨境服务贸易开放水平，打造高水平改革开放平台。2021 年 12 月，商务部、中央网信办、工业和信息化部等 10 部门出台《关于支持国家数字服务出口基地创新发展若干措施的通知》，专门就推进国家数字服务出口基地建设和数字贸易创新发展做出全面部署。2022 年 1 月，国务院发布《"十四五" 数字经济发展规划》，强调要有效拓展数字经济国际合作，积极构建良好国际合作环境。这些政策文件不断释放出国家大力发展数字贸易、推进数字领域高水平对外开放的强烈信号。在中央相关政策文件指导下，各地方纷纷出台具体措施，积极开展先行先试，加快推动政策落地。

应当看到，数字领域高水平开放要走深走实，必须要进一步加强法治保障、央地协调、公共服务等方面的工作，充分发挥自贸试验区、自由贸易港等先行先试作用，为高水平对外开放提供更多的、切实的制度保障。

第一，进一步加强法治保障。法治建设与对外开放相辅相成、相伴而行。我国建立了以《网络安全法》《数据安全法》《个人信息保护法》《电子商务法》等为核心的数字法律制度体系，将为数字领域高水平对外开放的推进提供了坚实的法治保障。党的二十大报告提出，加强重点领域、新兴领域、涉外领域立法，统筹推进国内法治和涉外法治，以良法促进发展、保障善治。数字领域高水平对外开放的法治建设既属于重点领域、新兴领域，也属于涉外领域，是我国当前立法工作的重中之重。对标国际高标准数字贸易规则，我国在数据分级分类、重要数据识别、数据保护认证、数字身份、数字贸易便利化、数字贸易负面清单等诸多方面仍然缺乏相应立法，迫切需要加强立法工作，充分发挥立法的引领、推动和规范作用。

第二，进一步加强央地协调。在制度创新推进过程中，地方政府受制于自主改革权限，往往难以推进相对重大的制度创新，数字领域尤其如此。许多改革事项都是中央事权，即使有相关政策文件，要落地仍然需要国家相关部委同意或出台配套文件，地方只能自主实施探索一些切口小、见效快或小修小补的改革措施，这很大程度上影响了高水平对外开放的推进。具体到数字领域，当前比较重大的改革事项是 CPTPP 和 DEPA 高标准数字贸易规则先行先试，特别是跨境数据流动相关规则的试点。为了切实发挥自贸试验区和自由贸易港等的压力测试作用，应当围绕重大改革事项建立行之有效的央地协调机制，实现中央和地方两个层面的无缝对接协调，在确保安全的前提下以适度放权赋能制度创新。

第三，进一步加强公共服务。数字企业“引进来”和“走出去”是高水平开放不可或缺的组成部分，在“链接”与“融合”国内国际数字市场方面发挥着举足轻重的作用。外向型数字企业较少，将大大限制数字领域高水平对外开放程度。目前，在华数字跨国公司以服务中国市场为主，从事数字服务出口的并不多，辐射带动作用尚未充分发挥；积极开展海外业务本土企业也不多，国际业务所占比重仍然较少，不少头部数字企业也是如此。尽管各地政府和各类园区正在加强对企业的服务和扶持，搭建从产业端到贸易端的系列公共服务平台，但是尚不能满足数字企业的需求以及扩大数字服务出口的需要。特别是在当前错综复杂的国际形势以及新冠疫情冲击下，为数字企业出海和出口提供的服务支撑明显不足。对此，应切实加强公共服务职能，针对数字企业“引进来”和“走出去”面临的共性问题，为数字企业特别是中小微企业提供一体化的解决方案，形成整体性的服务模式。

## 第二节　对标规则推进数字领域对外开放的政策建议

我国已经正式申请加入 CPTPP 和 DEPA。考虑到 DEPA 不仅规则水平与 CPTPP 相当，而且涵盖范围更广，谈判进展较快，因此，本节着重将以 DEPA 为标杆，提出我国对标规则深入推进数字领域高水平对外开放的政策建议。

### 一、促进数字贸易便利化

#### （一）单一窗口数据交换

DEPA 支持贸易管理文件相关的数据交换，以及成员企业之间商贸活动中使用的电子记录交换。新加坡于 2016 年推出互联贸易平台（Networked Trade Platform），取代了原有的贸易网（TradeNet）和商贸通讯平台（TradeXchange），旨在为新加坡成为世界领先的贸易、供应链和贸易融资中心奠定基础。我国应当借鉴互联贸易平台的架构，加快建设国际贸易单一窗口数据交换系统，重点支持亚太示范电子口岸网络（APMEN）[①] 推动相关口岸数据互联互通。

---

① 亚太示范电子口岸网络是 2014 年北京亚太经合组织领导人非正式会议的重要成果，旨在推动形成口岸间的数据网络及合作平台，实现供应链中各系统间数据的互通、互用，推动亚太区域供应链信息透明化、口岸信息平台和单一窗口平台区域一体化。目前共有中国、越南等 12 个成员经济体的 22 个电子口岸或港口加入，运营中心设在上海。

建设单一窗口数据交换系统。建议海关总署支持若干基础较好的上海、厦门等自贸试验区以及海南自由贸易港开展先行先试，率先试点单一窗口数据交换系统的标准建设，包括增强系统之间互操作性的标准、交换电子贸易管理文件的标准以及信息安全管理体系的标准等。制定单一窗口数据交换和使用相关规定，区分贸易监管数据和贸易服务功能数据，为单一窗口数据交换和使用提供法律保障。

支持 APMEN 数据互联互通。APMEN 成员已就贸易数据合规流动、航空物流无纸化等数据交换相关事项开展探讨。下一步，国家和地方可以采取措施支持 APMEN 推动相关口岸数据互联互通，探索采用国际公认的数据标准、接口规范、调用规则等技术标准，推进示范口岸之间的数据交换。

### （二）跨境物流便利化

DEPA 鼓励跨境物流合作，支持成员分享关于物流部门的最佳实践和一般信息。2016 年新加坡发布《TR46：最后一公里配送标准—电子商务数据交换》，2018 年发布《TR61：2018 使用包裹储物柜网络进行最后一英里配送的数据交换技术参考》，对如何将货物交付给最终客户的相关规则开展有益探索。我国跨境电商发展领先，已经在跨境物流方面积累了许多经验，应当尽快形成可供 DEPA 成员参考的良好实践。

上海跨境数科的数据真实性核验系统[①] 基于隐私计算和区块链等先

① 参见《跨境数据核验效率提高万倍，“国际数据港”怎么做到的?》，第一财经，https://baijiahao.baidu.com/s?id=1765698595856674681&wfr=spider&for=pc，访问日期 2023 年 8 月 19 日。

进技术，利用从全球范围内合规获取与跨境贸易相关的数据资源，通过多维度交叉的智能化分析，来判断相关数据的真实性与合理性，最终向用户反馈数据核验的结果报告，用于有迫切需求的跨境物流领域以及跨境支付结算、跨境贸易融资等其他领域。数据真实性核验项目可以形成良好实践案例，通过 DEPA 加入谈判、APEC 国际合作等进行推广。

### （三）电子发票标准化

DEPA 要求成员采取措施支持电子发票系统的跨境互操作性。目前，我国国家层面的电子发票标准主要适用 2019 年《电子发票基础信息规范》，为国内电子发票基础信息的统一描述和使用提供了依据，但较少参考国际标准，难以实现不同国家之间电子发票系统的互操作性。对此，应当加快电子发票系统跨境互操作性的试点。

Peppol① 是欧洲广泛采用的电子发票标准，2018 年新加坡正式引入 Peppol，2019 年新西兰也加入了 Peppol 网络。建议基础较好的地方对标 Peppol 电子发票标准，启动电子发票系统国际标准试点项目，参照国际标准逐步推动电子发票标准化，为促进跨境可操作性积累经验。

---

① Peppol 即泛欧线上公共采购平台，是由欧洲委员会和 Peppol 联盟成员国共同支持的跨境电子商务试点项目，其在电子发票要素、形式、传输等方面均制定了标准化框架，形成了一套依托该平台的电子发票标准体系。作为信息技术构建的高标准线上平台，Peppol 依托电子交换网络、业务互操作性规范（BIS）、传输基础结构协议（TIA）三大支柱组件，基于发送方和接收方以及各自服务提供商的“四角”模式实现国家电子采购系统的连接互通，在税收管理方面具有成员国之间可跨境操作的优势。2022 年以来，新一代 Peppol 持续交易管控模式（Peppol CTC）开始推广，其采用标准的“五角”模式，即在原“四角”模式上增加政府监管“一角”，运用去中心化区块链技术满足税务机构等管理部门的需求。

借鉴 Peppol 平台建设经验，对标 Peppol 发票标准，既要充分利用区块链等新兴技术，参照最新推行的持续交易管控模式，也要根植于当前已逐渐建立起的国内全电发票体系，推进跨境互操作性的平台建设方案。在跨境互操作性的标准上，要将现有国内标准与国际标准对接协调，制定电子发票核心要素语义模型通用标准，提高标准的界定、内容、适用范围等方面用词的准确性，确保跨境互操作的语义、法律标准理解一致。在此基础上，可参照世界主流环境下的相关底线标准，结合 DEPA 相关规范，综合构建具有可实践性的、能被不同国家接受的、统一的互操作性技术标准规范、组织操作规范等，并最终将项目接入国家电子发票服务平台。同时，应当制定相关法律规定，对全电发票对接协调国际标准提供法治保障。

### （四）电子支付试点

DEPA 鼓励采用监管和行业沙盒及时推出新的金融和电子支付产品和服务。电子支付服务是我国的优势领域。我国正在加快推进数字货币桥①跨境汇款试点，下一步应当在已有实践基础上，积极扩大在数字贸

① 数字货币桥（mbridge）由中国香港特别行政区金融管理局、泰国中央银行、阿拉伯联合酋长国中央银行及中国人民银行数字货币研究所共同合作开发的，使用基于分布式账本技术（DLT）建立平台的研究项目，旨在推进各国央行数字货币（CBDC）的跨境流动，实现跨境支付的快捷化和便利化。鉴于其所建立的单一平台，数字货币桥在设计上实现了国内传统清算系统之间的互操作性，来自不同经济体的参与者可以在集成的技术平台上直接相互联系，在跨境场景下接入走廊网络（Corridor Network），该走廊网络便是数字货币桥。通过走廊网络，每个接入平台的银行都作为一个网络节点，可以直接向另一家同样接入平台的境外银行点对点支付，而不需要如传统跨境支付模式一样需要横跨多家代理行。同时，单一平台可以集成信息流、现金流，不再需要多个系统分别承担传递信息、转移资金的工作。

易中的应用范围。

设在上海的中国银行数字人民币数字贸易创新孵化基地是全国首个聚焦“数字人民币＋数字贸易”的孵化基地，目前已经成功落地全国首笔数字货币桥跨境汇款等业务，旨在在全球金融创新和资产互联互通中发挥重要作用。下一步，应当鼓励中国银行数字人民币数字贸易创新孵化基地积极推动新加坡等DEPA成员加入数字货币桥项目，加快推进数字货币桥跨境汇款试点，逐步扩大参与主体、业务范围，提升系统测试质量和效能，探索数字人民币在数字贸易中的应用模式创新。

### （五）数字身份试点

DEPA提出就数字身份最佳实践开展交流合作，以提升数字身份制度互操作性。新加坡政府正在开发国家数字身份平台，使公民可以使用单一的数字身份进行交易，并将国家数字身份系统作为新加坡智慧国家计划的基石。我国《网络安全法》《个人信息保护法》都对网络身份作了规定，但网络身份系统建设尚未启动。建议加快推进企业数字身份认证试点，加强与新加坡开展合作，并分享最佳实践。

形成数字身份最佳实践。上海数字证书认证中心依托国产商用密码核心技术，结合区块链、隐私计算等技术手段，打造以可信数字身份体系和可信数据流通体系为两大支柱，分布式数字身份产品已经进入开发阶段，并在民生服务领域开展示范应用，为数字贸易相关各方提供可信身份认证、信任计算等权威服务，推动与全球主要城市开展以市场需求为导向、企业合作为基础的数字身份和电子签署互通互认。下一步，可以加大推广力度，将上海数字证书认证中心相关做法打造成最佳实践。

开展数字身份标准互操作性试点。数字身份领域的国际公认标准主要是国际标准组织（ISO）和国际电工委员会（IEC）联合制定的有关身份管理、生物特征数据交换等标准。对此，应当鼓励企业采用ISO/IEC 相关标准开展数字身份认证，在此基础上与新加坡等成员的企业共同探讨数字身份互认的可行性。

## 二、推动数据流动

### （一）探索数据保护认证

DEPA 对数据保护信任标志或认证框架作了明确规定。数据保护能力认证是增强各方信任、促进跨境数据流动的重要机制，也是数字贸易监管制度的必要补充。数据保护能力认证已成为发达国家数据保护领域的通行做法。全球知名度最高的美国认证公司 TrustArc 已为全球 5000 多家企业提供隐私认证服务。欧洲隐私印章公司 EuroPriSe 在欧盟资助支持下，自 2008 年起便为符合严格的欧盟隐私保护标准的企业颁发信任标章。新加坡资讯通信媒体发展局（IMDA）于 2019 年启动数据保护信任标志认证计划，由 IMDA 选定的认证机构对企业提供独立第三方评估。我国《个人信息保护法》将经专业机构个人信息保护认证作为个人信息对外提供的机制之一。上海自贸试验区临港新片区总体方案提出建立数据保护能力认证等数据安全管理机制，但至今尚未落地。建议自贸试验区和自由贸易港等加快开展相关试点，探索构建数据保护能力认证体系。

搭建数据保护能力认证公共服务平台。依托现有公共服务平台，对标 APEC 跨境隐私规则体系（新加坡已加入并据此建立国内认证计划）构建数据保护能力认证体系。公共平台旨在对接企业和认证机构，为中小微企业加入认证体系提供公共服务，包括认证费用的资助、认证材料的准备等。公共服务平台应当与国际上其他认证体系有效对接，为数据保护能力认证体系建设提供支持。

引进国际知名认证机构。建议自贸试验区、自由贸易港等引进国际标准化组织认证（ISOCert）、英国标准协会（BSI）、世界信标联盟等国际知名的认证机构，提供认证服务。所引进的认证机构须通过公共平台的认可，借鉴新加坡的经验，对企业的 ICT 产品和服务、数据保护政策及实践是否符合相关法律要求提供独立的第三方认证，以及后续的服务质量追踪。

### （二）便利跨境数据流动

DEPA 要求数据跨境自由流动，同时保留合理监管空间。我国《数据出境安全评估办法》对重要数据和个人信息出境安全评估制度作了规定，在具体实施中如何进行精细化管理和数据分级分类还有待进一步探索。

研究制定数据出境“白名单”。参考欧盟《通用数据保护条例》的充分性认定制度，研究将“同等保护”作为数据出境机制之一，形成以“数据保护水平为原则加若干例外”，经过认定可将其纳入数据出境“白名单”。

探索数据分级分类出境制度。研究形成低风险跨境数据流动目录，对低风险数据出境场景，试点数据出境便利化安排，包括考虑放宽《数据出境安全评估办法》的两年有效期，缩短安全评估的审核期限等。

探索建立离岸数据中心。离岸数据中心建设在特定区域内，数据来自境外，服务对象位于境外，上联链路与国际通信信道出入口直接对接，网络连接与国内网络完全隔离，基本实现数据来去自由。条件成熟的自贸试验区或自由贸易港可以基于对数据安全、监管风险、实际需求等的充分评估，加快推进离岸数据中心试点。离岸数据中心仅面向外资开放，不同的业务类型和服务模式逐步放开。离岸数据中心的监管采用内外分离的模式，即将在岸与离岸数据中心业务进行分开监管，实行物理隔离、业务分类、封闭运行。

## 三、推动数字创新

### （一）数据监管沙盒

DEPA 提出就数据监管沙盒开展合作。数据监管沙盒正在成为促进数据驱动型创新的重要工具。监管沙盒最初出现在金融服务领域。与金融服务相比，技术创新对数据保护的影响更快，程度更大。在数据领域应用监管沙盒，不仅可以缩短创新技术理念的上市时间，也使政策制定者可以在制定新的法律政策之前测试政策理念。自 2017 年英国金融行为监管局发布经验报告阐明监管沙盒取得的进展以后，新加坡、英国、欧盟、美国等经济体的监管机构和业界开始积极探索将监管沙盒应用于数据保护领域。近几年来，跨境的数据监管沙盒也在兴起。2019 年，东盟和全球移动通信系统协会（GSMA）共同提出了创建监管沙盒的提案，为亚太地区参加国之间的跨境数据流动提供解决方案。新加坡将数据监管沙盒作为鼓励数据创新、改善数字营商环境的重要方式，吸引众多数字企业在新加坡设立总部。条件成熟的地方可以开展与新加坡开展试点，合作推进数据监管沙盒项目。

建议地方政府与新加坡签署谅解备忘录，对数据监管沙盒的相关规则作出规定，包括试点的目的和范围、申请者的资格要求、保障措施、问责和退出机制等。地方政府相关主管部门和新加坡个人数据保护委员会共同组建联合监督委员会，加强对数据沙盒项目的监管，并就数据监管沙盒交流信息、分享良好监管实践。一旦发生不可补救的数据安全风险或者其他不适宜继续开展试点的情况，将触发申请者退出机制。

### （二）开放政府数据

DEPA 鼓励成员开放政府数据。国内许多城市的公共数据开放平台已汇集了大量数据，但与国际高标准相比，仍然存在数据公开不及时、具体行业层面的数据较少等问题，影响后续数据产品和服务的二次开放利用；平台数据元标准化工作也有待加强，特别是在参照和采用国际通行元数据标准上存在不足，影响后续数据的跨境互操作性。建议条件成熟的地方政府对标 DEPA 条款，推动开放政府数据试点项目。

试点采用国际通行元数据标准。参考国际通行元数据标准，对不同类型数据集采用不同元数据标准进行描述，并使各个元数据标准之间具有互操作性，为国家层面开放政府数据元数据标准化和国际互操作性积累经验。

试点开放地方行业层面数据集。在公共数据开放平台基础上，试点增加地方行业层面的政府数据集，如电子商务、对外投资等数据集，以扩大数据产品和服务的二次开发和利用。

加强政府数据开放的法治保障。加快制定、完善相关立法，包括地方性立法，在系统梳理各部门涉及的重要数据和核心数据的基础上，形成完整的部门数据集列表，增加各部门开放数据的强制性义务，包括更新频次等，以确保数据开放的质量和及时性。

### （三）金融科技合作

DEPA 提出促进金融科技部门合作，包括企业、项目、人才等合作。近年来，金融科技产业市场规模快速增长。金融科技行业是新加坡经济的重要组成部分。新加坡正在加快建设金融科技生态体系，大力拓展金融科技国际合作，力争成为金融科技创新世界领导者。国内不少城市已与新加坡建立了良好的合作基础，下一步应当将金融科技纳入合作议程，进一步加强金融科技合作力度。

2022 年 11 月，央行等八部门印发《上海市、南京市、杭州市、合肥市、嘉兴市建设科创金融改革试验区总体方案》，支持在浦东新区设立国家金融科技研发机构，搭建金融信息技术创新平台，加速成果转化。上述地方应当采取措施，鼓励国家金融科技研发机构和金融信息技术创新平台等机构加强与新加坡的合作力度，开展数字科技项目合作、数字科技人才交流、参与新加坡应用程序接口交易所（API Exchange）① 协同实验，包括共同研究和部署新的数字解决方案等。

### （四）人工智能合作

DEPA 提出开展人工智能治理框架合作，推动人工智能技术的广泛应用。人工智能治理框架合作包括共同参与相关国际组织、国际协调机制等的研讨和对话等。人工智能技术合作包括人工智能技术研发合作、人工智能解决方案商用的多方试验台等。国家应当鼓励人工智能产业基础良好、外向型人工智能企业较多的地方加强国际合作，特别是与新加坡、欧盟人工智能企业合作力度。

组建中新人工智能联盟。支持人工智能企业与新加坡企业组建人工智能联盟，开展跨国交流协作，采取提供资金支持以及搭建交流协作平台等措施，支持企业开展项目合作、研发合作以及参与国际人工智能伦理重大议题探讨和规则制定。

加强中欧人工智能合作。依托中国与欧盟及成员国合作成立的人工智能创新园、实验室等载体和机构，大力推动国内人工智能企业与欧盟深化合作，积极推动中欧人工智能产业应用范例落地。

## 四、制定数字贸易负面清单

DEPA 要求给予数字产品非歧视待遇。在贸易协定下是否能够享受

① 2018 年，新加坡推出应用程序接口交易所（API Exchange, APIX），旨在建立在线金融科技市场和行业沙盒的平台，以便金融机构和金融科技公司实现全球互联，金融行业参与者可以在金融行业沙盒中开展协同实验，并采用应用程序接口推动亚太地区数字化转型和金融包容性。

非歧视待遇，首先取决于成员的承诺。对于服务部门承诺，CPTPP 采用的是负面清单；RCEP 7 个成员采用负面清单方式承诺，我国等 8 个成员采用正面清单承诺，并将于协定生效后 6 年内转化为负面清单。我国在全国推进实施跨境服务贸易负面清单。自贸试验区、自由贸易港等应当率先开展数字贸易负面清单试点，探索扩大数字相关服务部门市场开放。

试点放宽增值电信业务市场准入的限制。电信服务，特别是增值电信服务，是数字贸易的基础设施服务。目前，已经进入自贸试验区的外资电信企业大多是开设电子商务网站，尚未进入与数字贸易发展最为密切相关的业务领域，增值电信开放措施的实际效果并不显著。下一步，自贸试验区、自由贸易港等应当加快推进开放互联网数据中心（IDC）业务，在安全可控的前提下积极稳妥地推进云计算业务进一步开放。

探索放宽服务贸易跨境提供模式的限制。数字贸易的真正开放，很大程度上取决于跨境提供模式的开放。自贸试验区、自由贸易港等应当积极开展试点，提高跨境服务贸易负面清单的开放度和透明度，分领域分业务逐步放开数字相关服务贸易的跨境提供模式，重点是专业服务（包括法律、会计、税收、建筑、工程、医疗等）、计算机及相关服务，争取取得突破，并为服务贸易负面清单管理模式积累经验。

## 五、加强中小企业合作

DEPA 要求对提升中小企业数字经济参与度提供支持。国家发改委数字化转型伙伴行动共同构建“政府引导—平台赋能—龙头引领—机构支撑—多元服务”的联合推进机制，以带动中小微企业数字化转型为重点，在更大范围、更深程度推行普惠性“上云用数赋智”服务。下一步，国家应当对标 DEPA 相关规则，参考数字化转型伙伴行动的做法，在数字贸易领域试点开展伙伴行动。

试点开展数字贸易伙伴行动。鼓励国内外的平台企业、龙头企业、金融机构、科研院所、行业协会等加入伙伴行动，共同为中小微企业参与数字贸易提供支持举措，包括开发普惠化的产品或服务、提供公共服务等。

加强高水平国际交流。充分利用 WTO、APEC、中国国际进口博览会等开放展会平台开展对话，加强与“一带一路”沿线国家、金砖国家和上合组织等在数字贸易领域的合作，就中小企业创新经验、数字包容性、数字技术治理等领域加强沟通交流与信息互换。

# 附表1：

## OECD数字服务贸易限制指数—中国限制措施

| 数字措施 | 具体内容 | 答案 | 打分 | 分值 |
| --- | --- | --- | --- | --- |
| dg.1　基础设施 | | | 4 | 0.159 |
| 6.1.1　强制互联（固定） | 《中华人民共和国电信条例》（2016年2月最新修订）第17条<br>《公用电信网间互联管理规定》（2014年修正） | 是 | 0 | 0 |
| 6.1.1　强制互联（移动） | 《中华人民共和国电信条例》（2016年2月最新修订）第17条<br>《公用电信网间互联管理规定》（2014年修正） | 是 | 0 | 0 |
| 6.2.1　互联价格和条件受到监管（固定） | 《中华人民共和国电信条例》（2016年2月最新修订）第22条<br>《公用电信网间互联管理规定》（2014年修正） | 是 | 0 | 0 |
| 6.2.1　互联价格和条件受到监管（移动） | 《中华人民共和国电信条例》（2016年2月最新修订）<br>《公用电信网间互联结算及中继费用分摊办法》（2003年颁布）附件 | 是 | 0 | 0 |
| 6.3.1　互联参考报价已公开（固定） | 《公用电信网间互联结算及中继费用分摊办法》（2003年颁布）<br>《公用电信网间互联管理规定》（2014年修订） | 是 | 0 | 0 |
| 6.3.1　互联参考报价已公开（移动） | 《公用电信网间互联结算及中继费用分摊办法》（2003年颁布）<br>《公用电信网间互联管理规定》（2014年修订） | 是 | 0 | 0 |
| 6.4.1　要求垂直分离（固定） | 《中华人民共和国电信条例》（2016年2月最新修订） | 否 | 0 | 0 |
| 6.4.1　要求垂直分离（移动） | 《中华人民共和国电信条例》（2016年2月最新修订） | 否 | 0 | 0 |
| 6.5.1　备注：要求非歧视互联网流量管理 | 《中华人民共和国电信条例》（2000年颁布，2016年2月最新修订） | 否 | 0 | 0 |

续表

| 数字措施 | 具体内容 | 答案 | 打分 | 分值 |
|---|---|---|---|---|
| dg.1　基础设施 | | | 4 | 0.159 |
| 6.25.1　备注：在该细分市场中至少有一家主导公司（数字） | 中国电信 | 是 | 0 | 0 |
| 6.25.1　备注：在该细分市场中至少有一家主导公司，移动源（固定） | 中国电信 | 是 | 0 | 0 |
| 6.25.1　备注：在移动细分市场中至少有一家主导公司，移动源（移动） | 中国电信 | 是 | 0 | 0 |
| 6.6.1　使用通讯服务的限制 | 《工业和信息化部关于清洁规范互联网网络接入服务市场的通知》（工信部第 32 号公告，2017 年 1 月 22 日）<br>注：自 2018 年 3 月起，使用 VPN 或租用线路的跨境业务活动需获得主管机关的批准。 | 是 | 1 | 0.04 |
| 6.7.1　备注：个人数据自由跨境传输或责任制的适用 | 《中华人民共和国网络安全法》（2016 年 11 月 7 日通过，2017 年 6 月 1 日生效）第 37 条<br>《个人信息和重要数据出境安全评估方法》（2017 年 6 月生效，2018 年 12 月实施）<br>《信息安全技术　公共及商用服务信息系统个人信息保护指南》（2013 年 2 月 1 日通过）第 5.4 段 | 否 | 0 | 0 |
| 6.7.2　如果某些私营部门保护措施到位，可能进行个人数据跨境传输 | 《中华人民共和国网络安全法》（2016 年 11 月 7 日通过，2017 年 6 月 1 日生效）第 37 条<br>《个人信息和重要数据出境安全评估方法》（2017 年 6 月生效，2018 年 12 月实施）<br>《信息安全技术　公共及商用服务信息系统个人信息保护指南》（2013 年 2 月 1 日通过）第 5.4 段 | 否 | 1 | 0.04 |

续表

| 数字措施 | 具体内容 | 答案 | 打分 | 分值 |
|---|---|---|---|---|
| dg.1　基础设施 | | | 4 | 0.159 |
| 6.7.3　跨境数据流动：个人数据跨境传输可能在隐私保护法基本相同的国家之间进行 | 《中华人民共和国网络安全法》(2016 年 11 月 7 日通过，2017 年 6 月 1 日生效）第 37 条<br>《个人信息和重要数据出境安全评估方法》（2017 年 6 月生效，2018 年 12 月实施）<br>《信息安全技术　公共及商用服务信息系统个人信息保护指南》(2013 年 2 月 1 日通过）第 5.4 段 | 否 | 0 | 0 |
| 6.7.4　跨境数据流动：跨境传输需逐案审批 | 《中华人民共和国网络安全法》(2016 年 11 月 7 日通过，2017 年 6 月 1 日生效）第 37 条<br>《个人信息和重要数据出境安全评估方法》（2017 年 6 月生效，2018 年 12 月实施）<br>《信息安全技术　公共及商用服务信息系统个人信息保护指南》(2013 年 2 月 1 日通过）第 5.4 段<br>注：关键信息基础设施运营者在中国收集和产生的个人信息和重要数据必须存储在国内。如确需向境外传输，必须进行安全评估，并逐案审批。 | 是 | 1 | 0.04 |
| 6.7.5　跨境数据流动：某些数据必须本地存储 | 《人民银行关于银行业金融机构做好个人金融信息保护工作的通知》(中国人民银行 2001 年第 22 号公告）<br>《中华人民共和国网络安全法》(2016 年 11 月 7 日通过，2017 年 6 月 1 日生效）第 37 条<br>《信息安全技术　公共及商用服务信息系统个人信息保护指南》(2013 年 2 月 1 日通过）第 5.4 段<br>注：在中国收集的金融数据也必须在中国存储和处理。 | 是 | 1 | 0.04 |
| 6.7.6　跨境数据流动：禁止数据传输 | 《中华人民共和国网络安全法》(2016 年 11 月 7 日通过，2017 年 6 月 1 日生效）第 37 条<br>《数据出境安全评估办法》(2022 年 7 月 7 日通过，2022 年 9 月 1 日施行）<br>《中华人民共和国数据安全法》 | 否 | 0 | 0 |

续表

| 数字措施 | 具体内容 | 答案 | 打分 | 分值 |
| --- | --- | --- | --- | --- |
| dg.1　基础设施 | | | 4 | 0.159 |
| 6.7.6　跨境数据流动：禁止数据传输 | 注：关键信息基础设施运营商在中国收集和产生的个人信息和重要数据必须存储在国内。经安全评估和批准后，方可向境外传输。2022年《数据出境安全评估办法》更加明确了安全评估的范围和流程。 | 否 | 0 | 0 |
| dg.2　电子交易 | | | 2 | 0.043 |
| 7.1.1　电子商务许可证的歧视性条件 | 《中华人民共和国电信条例》（2000年颁布，2016年2月最新修订）<br>注：获得互联网内容提供商（ICP）许可证要求基于在中国的服务器经营网站。该许可证仅授权给中国公民或中国实体（后者可包括在中国设立的外资独资企业）。对于需要其他商业ICP许可证的商业网站，只有外资所有权不超过50%的中国本地公司才能获得该许可证。注意：通过网站进行的商业活动通常需要商业ICP许可，电子商务网站则不需要。 | 是 | 1 | 0.021 |
| 7.2.1　备注：从事电子商务需要许可证或授权 | 《中华人民共和国电信条例》（2000年颁布，2016年2月最新修订）<br>注：在中国开设网站（托管在中国服务器上）需获得工业和信息技术部颁发的互联网内容提供商（ICP）许可证。除ICP许可证外，商业网站还需要商业ICP许可。 | 是 | 0 | 0 |
| 7.3.1　非居民外国提供者可以在线进行税务登记和申报 | 注：各省都有电子税务管理，非居民企业可在网上系统进行税务登记和申报。例如，上海电子税务局。 | 是 | 0 | 0 |
| 7.4.1　跨境交易的国内合同规范不同于国际标准化规则 | 《联合国国际合同使用电子通信公约》（2005年11月23日在纽约获得通过，2013年3月1日生效）<br>《联合国国际货物销售合同公约》（1980年4月11日通过）<br>注：中国已签署但尚未批准《联合国国际合同使用电子通信公约》。《联合国国际货物销售合同公约》自1988年1月1日起在中国生效。 | 是 | 1 | 0.021 |

续表

| 数字措施 | 具体内容 | 答案 | 打分 | 分值 |
|---|---|---|---|---|
| dg.2 电子交易 | | | 2 | 0.043 |
| 7.5.1 法律法规明确保护秘密信息 | 《中华人民共和国反不正当竞争法》(1993 年 12 月 1 日通过）第 10 条<br>注：第 9 条保护商业秘密。 | 是 | 0 | 0 |
| 7.6.1 法律法规规定电子签名与手写签名具有同等法律效力 | 《中华人民共和国电子签名法》(2005 年 4 月 1 日通过，2019 年 4 月 23 日最新修订）第 1 条 | 是 | 0 | 0 |
| 7.7.1 存在争端解决机制解决由跨境数字交易引起的争议 | 《中华人民共和国电信条例》(2000 年颁布，2016 年 2 月最新修订）<br>《CNNIC 域名争议解决政策规则》(中国互联网络信息中心（CNNIC），2012 年 8 月 30 日）<br>注：对于数字贸易相关事务，没有特定的争端解决方式，但是可以使用一般司法渠道。关于域名争议，中国互联网络信息中心（CNNIC）是处理与“.cn”国家顶级域名有关争议的法定机构。 | 是 | 0 | 0 |
| dg.3 支付系统 | | | 1 | 0.018 |
| 8.1.1 歧视性地使用付款结算方式 | 中国人民银行公告 2018 年第 7 号<br>《非金融机构支付服务管理办法》(非金融机构支付服务管理办法，中国人民银行令 2010 年第 2 号）<br>注：第三方支付服务提供者（即非金融机构）处理付款必须从行业监管机构中国人民银行获得支付清算经营者许可证。尽管某些外国实体获得了其他活动的有限许可，例如预付费信用卡服务，但是外商投资企业未被授予与在线支付有关活动的许可证。在线支付服务的许可证仍然仅限于本地实体。 | 否 | 0 | 0 |
| 8.2.1 国内支付安全标准偏离国际标准 | 《身份证物理特性》国家标准（GB/T 14916—2006）<br>《非接触式集成电路卡一通用卡》国家标准（GB/T 22351.1—2008） | 否 | 0 | 0 |

续表

| 数字措施 | 具体内容 | 答案 | 扣分 | 分值 |
|---|---|---|---|---|
| dg.3　支付系统 | | | 1 | 0.018 |
| 8.2.1　国内支付安全标准偏离国际标准 | 注：国家支付安全标准以国际标准化组织标准为基础。此外，对于远程支付，中国人民银行根据EMV标准规范（Europay、Mastercard、Visa三大国际银行卡组织共同发起制定的金融集成电路卡技术标准）发布了中国金融集成电路卡规范1.0版、2.0版和3.0版。 | 否 | 0 | 0 |
| 8.3.1　对网上银行或保险的限制 | 《非银行支付机构网络支付业务管理办法》(中国人民银行令2015年第43号，2016年7月1日生效）<br>《非金融机构支付服务管理办法》(中国人民银行令2010年第2号）<br>《非金融机构支付服务管理办法实施细则》(中国人民银行令2010年第17号）<br>注：使用第三方在线支付服务（即由非金融机构提供）可以转移的资金数额受到监管。 | 是 | 1 | 0.018 |
| dg.4　知识产权 | | | 2 | 0.043 |
| 9.1.1　外国公司在商标保护方面受到歧视 | 《中华人民共和国商标法》(1983年3月1日通过，2014年5月1日最新修订）第17条<br>《中华人民共和国商标法实施条例》(2002年8月3日通过，2014年5月1日最新修订）第5条<br>注：商标保护受中国和申请人所属国家之间缔结的协议的约束，或者受两国均适用的国际条约的约束，或者基于互惠原则。 | 是 | 1 | 0.022 |
| 9.2.1　对著作权及相关权利保护的歧视待遇 | 《中华人民共和国著作权法》(1991年6月1日通过，2010年4月1日最新修订）第2条<br>《保护文学和艺术作品伯尔尼公约》(1992年10月15日通过）<br>注：只有在外国人所属国家与中国之间达成协议，或者根据两国都是缔约国的国际条约，外国人在中国境外出版的任何作品才享受版权保护。注意：中国已经批准《伯尔尼公约》和 | 是 | 1 | 0.022 |

续表

| 数字措施 | 具体内容 | 答案 | 打分 | 分值 |
|---|---|---|---|---|
| dg.4　知识产权 | | | 2 | 0.043 |
| 9.2.1　对著作权及相关权利保护的歧视待遇 | 《世界知识产权组织版权条约》，并自 2001 年起加入 WTO《与贸易有关的知识产权协议》（TRIPS）。中国自 1992 年 10 月 15 日起是《伯尔尼公约》和巴黎文本的缔约方。中国于 2007 年 3 月 9 日批准《世界知识产权组织版权条约》和《世界知识产权组织表演和录音制品条约》。作为 WTO 成员，中国也是 TRIPS 缔约方。中国已对《世界知识产权组织表演和录音制品条约》的减损规定做出通知。 | 是 | 1 | 0.022 |
| 9.3.1　备注：版权保护的例外情况根据国际规则受到限制 | 《中华人民共和国著作权法》（1991 年 6 月 1 日通过，2010 年 4 月 1 日最新修订）第 22 条<br>注：该法提到以下例外情况：（一）为个人学习、研究或者欣赏而进行复制；（二）为介绍、评论或者说明某一问题的适当引用；（三）为报道时事新闻；（四）媒体刊登或者播放已经发表的关于政治、经济、宗教问题的时事性文章或在公众集会上发表的讲话，但作者声明不许刊登、播放的除外；（五）翻译或者少量复制少量副本供教学或者科研使用；（六）国家机关为执行公务的合理使用；（七）图书馆、档案馆、纪念馆、博物馆、美术馆等为陈列或者保存版本复制本馆收藏的作品；（八）根据法律规定的条件免费表演已经发表的作品；（九）对设置或者陈列在室外公共场所的艺术作品进行临摹、绘画、摄影、录像；（十）将中国公民、法人或者其他组织已经发表的以汉语言文字创作的作品翻译成少数民族语言文字作品在国内出版发行；（十一）将已经发表的作品改成盲文出版。 | 是 | 0 | 0 |
| 9.4.1　知识产权执法：提供司法或行政执法措施和补救措施 | 《中华人民共和国著作权法》（1991 年 6 月 1 日通过，2010 年 4 月 1 日最新修订）第 47 条 | 是 | 0 | 0 |

续表

| 数字措施 | 具体内容 | 答案 | 打分 | 分值 |
|---|---|---|---|---|
| dg.4　知识产权 | | | 2 | 0.043 |
| 9.4.2　知识产权执法：可以采取临时措施 | 《中华人民共和国著作权法》(1991年6月1日通过，2010年4月1日最新修订）第50条 | 是 | 0 | 0 |
| 9.4.3　知识产权执法：可以进行刑事执法程序和处罚 | 《中华人民共和国著作权法》(1991年6月1日通过，2010年4月1日最新修订）第48条 | 是 | 0 | 0 |
| dg.5　其他影响数字服务贸易的壁垒 | | | 4 | 0.087 |
| 10.1.1　影响跨境数字贸易的业绩要求 | 《互联网视听节目服务管理规定》(2008年1月31日通过，2015年8月28日最新修订）第8条和第17条<br>《广播电视管理条例》(1997年8月11日通过，1997年9月1日生效，最新修订2020年11月29日生效）第41条 | 是 | 1 | 0.022 |
| 10.2.1　影响跨境数字交易的下载和流媒体的限制 | 《中华人民共和国网络安全法》(2016年11月7日通过，2017年6月1日生效）第47条<br>《互联网出版服务管理规定》(2016年2月14日通过）第10条<br>注：根据2017年《网络安全法》，出于安全或国家利益的考虑，某些网站和内容的访问可能受到限制。注意：公司必须确保其网站上发布的内容不包含任何违禁主题。 | 是 | 1 | 0.022 |
| 10.3.1　在线广告限制 | 《中华人民共和国广告法》(1995年2月1日通过，2021年4月29日最新修订。 | 否 | 0 | 0 |
| 10.4.1　要求有商业存在才能提供跨境服务 | 《中华人民共和国电信条例》(2000年颁布，2016年2月最新修订）<br>注：所有在中国开展电子商务活动（包括通过电子商务平台）的外国公司必须持有中国营业执照。为了在中国获得营业执照，外国人必须成立外商独资企业（WFOE）。 | 是 | 1 | 0.022 |
| 10.5.1　要求有当地存在才能提供跨境服务 | 《中国互联网络信息中心域名注册实施规则》（CNNIC，2012年8月30日）第14—16条 | 否 | 0 | 0 |

| 数字措施 | 具体内容 | 答案 | 打分 | 分值 |
|---|---|---|---|---|
| dg.5　其他影响数字服务贸易的壁垒 | | | 4 | 0.087 |
| 10.5.1　要求有当地存在才能提供跨境服务 | 《互联网域名管理办法》（CNNIC，2017 年 10 月 26 日通过）<br>注：2012 年取消了对注册“.cn”的当地存在要求。注意：注册需要提供身份证明或国外注册公司的证明以及签署的承诺书。由域名注册处理机构 CNNIC 批准。 | 否 | 0 | 0 |
| 10.6.1　企业可以在商业行为限制了特定市场竞争时采取补救措施 | 《中华人民共和国反垄断法》（2008 年 8 月 1 日通过）第 38 条<br>《中华人民共和国反不正当竞争法》（1993 年 12 月 1 日通过，2019 年 4 月 23 日最新修订）第四章<br>注：侵权经营者造成损害的，应当承担损害赔偿责任。 | 是 | 0 | 0 |
| 10.50.1　数字化服务的其他限制 | 《互联网出版服务管理规定》（2016 年 2 月 14 日通过）第 10 条<br>注：截至 2016 年，外资公司不能从事在线出版活动，在线出版活动被广泛定义为任何内容出版活动，包括文本、图片、地图、游戏、动画、音频和视频。 | 是 | 1 | 0.022 |

资料来源：OECD Digital STRI。

注：以上所列措施全部来源于 OECD 数字服务贸易限制指数数据库，其中有些措施与中国的实际情况有所出入。

# 附表 2：

## OECD 数字服务贸易限制指数—新加坡限制措施

| 数字措施 | 具体内容 | 答案 | 打分 | 分值 |
| --- | --- | --- | --- | --- |
| dg.1　基础设施 | | | 3 | 0.119 |
| 6.1.1　强制互联（固定） | 2022 年《提供电信及媒体服务竞争实务守则》（2022 年 5 月 2 日生效）第 5 节<br>《电信法》第 323 章<br>注：电信业务持牌人有义务与其他电信业务持牌者互联。占主导地位的电信持牌人必须允许基于设施和基于服务的持牌人将其各自的网络与其网络进行物理和逻辑互联，以交换电信流量。 | 是 | 0 | 0 |
| 6.1.1　强制互联（移动） | 2022 年《提供电信及媒体服务竞争实务守则》（2022 年 5 月 2 日生效）第 5 节<br>《电信法》第 323 章<br>注：电信业务持牌人有义务与其他电信业务持牌者互联。占主导地位的电信持牌人必须允许基于设施和基于服务的持牌人将其各自的网络与其网络进行物理和逻辑互联，以交换电信流量。 | 是 | 1 | 0.04 |
| 6.2.1　互联价格和条件受到监管（固定） | 2022 年《提供电信及媒体服务竞争实务守则》（2022 年 5 月 2 日生效）第 5—6 节<br>《电信法》第 323 章<br>资讯通信媒体发展局（IMDA）《下一代全国宽带网络 OpCo 互联》<br>注：仅监管占主导地位的电信持牌人的互联价格和条件。在非主要电信持牌人之间，互联价格和条件可以通过商业协商。占主导地位的电信持牌人必须向提出请求的电信持牌人提供所有互联相关服务和授权批发服务，其价格、条款和条件不得低于其向自己、关联公司或其他客户提供类似服务的价格、条款和条件。 | 是 | 0 | 0 |

续表

| 数字措施 | 具体内容 | 答案 | 打分 | 分值 |
|---|---|---|---|---|
| dg.1　基础设施 | | | 3 | 0.119 |
| 6.2.1　互联价格和条件受到监管（移动） | 2022 年《提供电信及媒体服务竞争实务守则》（2022 年 5 月 2 日生效）第 5—6 节<br>2012 年《占主导地位持牌人分类修正案》<br>《电信法》第 323 章<br>注：仅监管占主导地位的电信持牌人的互联价格和条件。在非主要电信持牌人之间，互联价格和条件可以通过商业协商。由于移动市场竞争激烈，因此没有指定占主导地位的持牌人。 | 否 | 0 | 0 |
| 6.3.1　互联参考报价已公开（固定） | 《电信法》第 323 章<br>2012 年《提供电信服务竞争实务守则》<br>注：只有占主导地位的持牌人需提供由 IMDA 发布的参考报价。 | 是 | 0 | 0 |
| 6.3.1　互联参考报价已公开（移动） | 《电信法》第 323 章<br>2012 年《提供电信服务竞争实务守则》<br>2012 年《占主导地位持牌人分类修正案》<br>注：只有占主导地位的持牌人需提供由 IMDA 发布的参考报价。由于移动市场竞争激烈，因此没有指定占主导地位的持牌人，移动运营商也没有提供参考报价。 | 否 | 0 | 0 |
| 6.4.1　要求垂直分离（固定） | 《电信会计分离指引》（自 2004 年 12 月 24 日修订）第 6 节<br>《电信法》第 323 章<br>2012 年《提供电信服务竞争实务守则》<br>《公司法》（1967 年 12 月 29 日通过，2021 年 7 月 1 日最新修订）第六部分，第 199 条<br>注：根据《2012 年电信竞争法》，垂直分离不是事实上的要求，除非 IMDA 因并购或反竞争审查而强加这一要求。目前，只有占主导地位的持牌人及其关联方才需要会计分离（最不广泛的垂直分离类型）。由于固定零售市场竞争激烈，因此没有指定占主导地位的持牌人。 | 否 | 0 | 0 |
| 6.4.1　要求垂直分离（移动） | 《电信会计分离指引》（自 2004 年 12 月 24 日修订）第 6 节<br>《电信法》第 323 章<br>2012 年《提供电信服务竞争实务守则》 | 否 | 0 | 0 |

续表

| 数字措施 | 具体内容 | 答案 | 打分 | 分值 |
|---|---|---|---|---|
| dg.1　基础设施 | | | 3 | 0.119 |
| 6.4.1　要求垂直分离（移动） | 《公司法》（1967 年 12 月 29 日通过，2021 年 7 月 1 日最新修订）第六部分，第 199 条<br>注：根据《2012 年电信竞争法》，垂直分离不是事实上的要求，除非 IMDA 因并购或反竞争审查而强加这一要求。目前，只有占主导地位的持牌人及其关联方才需要会计分离（最不广泛的垂直分离类型）。由于移动市场竞争激烈，因此没有指定占主导地位的持牌人。 | 否 | 0 | 0 |
| 6.5.1　备注：要求非歧视互联网流量管理 | IMDA 官方网站《资讯通信发展局关于网络中立公众咨询的决定和解释性备忘录》（2011 年 6 月 16 日）第 26 节<br>《广播法》第 28 章，第 9 节<br>IMDA 官方网站《业务守则—传媒（互联网业务守则）》<br>注：IMDA 要求 ISP 和电信网络运营商不施加歧视性做法、限制、收费或其他措施，这些措施虽然不是完全阻止，但会使任何合法的互联网内容实际上无法访问或无法使用。 | 是 | 0 | 0 |
| 6.25.1　备注：在该细分市场中至少有一家主导公司，移动源（数字） | IMDA 官方网站《电信竞争守则》<br>《电信法》第 323 章<br>注：根据 2012 年《占主导地位持牌人分类》（2017 年更新），Singtel、Star Hub、M1 在这一市场上拥有重要市场力量。新加坡电信控制着新加坡 50% 的移动市场。新加坡电信的多数股权（51%）由国有投资公司淡马锡控股拥有。但是，由于移动市场竞争激烈，因此没有指定占主导地位的持牌人。 | 是 | 0 | 0 |
| 6.25.1　备注：在该细分市场中至少有一家主导公司，移动源（固定） | IMDA 官方网站《电信竞争守则》<br>《电信法》第 323 章<br>注：根据 2012 年《占主导地位持牌人分类》（2017 年更新），Singtel、Star Hub、M1 在这一市场上拥有重要市场力量。新加坡电信控制着新加坡 50% 的移动市场。新加坡电信的多数股权（51%）由国有投资公司淡马锡控股拥有。 | 否 | 0 | 0 |

续表

| 数字措施 | 具体内容 | 答案 | 打分 | 分值 |
|---|---|---|---|---|
| dg.1　基础设施 | | | 3 | 0.119 |
| 6.25.1　备注：在移动细分市场中至少有一家主导公司，移动源（移动） | IMDA 官方网站《电信竞争守则》<br>《电信法》第 323 章<br>注：根据 2012 年《占主导地位持牌人分类》（2017 年更新），Singtel、Star Hub、M1 在这一市场上拥有重要市场力量。新加坡电信控制着新加坡 50% 的移动市场。新加坡电信的多数股权（51%）由国有投资公司淡马锡控股拥有。但是，由于移动市场竞争激烈，因此没有指定占主导地位的持牌人。 | 否 | 0 | 0 |
| 6.6.1　使用通讯服务的限制 | 《广播法》第 28 章，第 9 节<br>IMDA 官方网站《业务守则—传媒（互联网业务守则）》 | 否 | 0 | 0 |
| 6.7.1　备注：个人数据自由跨境传输或责任制的适用 | 2012 年《个人数据保护法》（2012 年 11 月 20 日通过，2022 年 10 月 1 日修订）第 26 条<br>2021 年《个人数据保护条例》（2021 年 2 月 1 日生效）第三章 | 否 | 0 | 0 |
| 6.7.2　如果某些私营部门保护措施到位，可能进行个人数据跨境传输 | 2012 年《个人数据保护法》（2012 年 11 月 20 日通过，2022 年 10 月 1 日修订）第 26 条<br>2021 年《个人数据保护条例》（2021 年 2 月 1 日生效）第 3 章<br>注：在将个人数据传输到新加坡以外的国家或地区之前，传输者必须采取适当步骤，以确定并确保个人数据接收者是否受法律上可执行义务（例如任何法律、合同、约束性公司规则或任何其他具有法律约束力的文书）的约束，为传输的个人数据提供至少与新加坡 2012 年《个人数据保护法》规定的保护相当的保护标准。如果对于传输到该国家或地区的个人数据将在多大程度上受到与该法案保护相当的标准，个人在给予同意之前没有获得合理的摘要，则该个人不被视为已同意将其个人数据传输到新加坡以外的国家或地区。此外，持有根据个人数据传输到的国家 | 是 | 0 | 0 |

续表

| 数字措施 | 具体内容 | 答案 | 打分 | 分值 |
|---|---|---|---|---|
| dg.1　基础设施 | | | 3 | 0.119 |
| 6.7.2　如果某些私营部门保护措施到位，可能进行个人数据跨境传输 | 或地区的法律授予或认可的“特定认证”的组织将被视为受法律上可执行义务的约束。根据《个人数据保护条例》，“特定认证”是指亚太经济合作组织（APEC）跨境隐私规则（CBPR）体系和 APEC 处理者隐私认可（PRP）体系下的认证。 | 是 | 0 | 0 |
| 6.7.3　跨境数据流动：个人数据跨境传输可能在隐私保护法基本相同的国家之间进行 | 2012 年《个人数据保护法》（2012 年 11 月 20 日通过，2022 年 10 月 1 日修订）第 26 条<br>2021 年《个人数据保护条例》（2021 年 2 月 1 日生效）第 3 章<br>注：任何组织不得将任何个人数据传输到新加坡以外的国家或地区，除非符合 2012 年《个人数据保护法》规定的要求，以确保组织为如此传输的个人数据提供与该法保护相当的保护标准。 | 是 | 1 | 0.04 |
| 6.7.4　跨境数据流动：跨境传输需逐案审批 | 2012 年《个人数据保护法》（2012 年 11 月 20 日通过，2022 年 10 月 1 日修订）第 26 条<br>2021 年《个人数据保护条例》（2021 年 2 月 1 日生效）第 3 章 | 否 | 0 | 0 |
| 6.7.5　跨境数据流动：某些数据必须本地存储 | 2012 年《个人数据保护法》（2012 年 11 月 20 日通过，2022 年 10 月 1 日修订）第 26 条<br>2021 年《个人数据保护条例》（2021 年 2 月 1 日生效）第 3 章<br>注：公司的会计记录必须保存在新加坡。 | 是 | 1 | 0.04 |
| 6.7.6　跨境数据流动：禁止数据传输 | 2012 年《个人数据保护法》（2012 年 11 月 20 日通过，2022 年 10 月 1 日修订）第 26 条<br>2021 年《个人数据保护条例》（2021 年 2 月 1 日生效）第 3 章 | 否 | 0 | 0 |
| dg.2　电子交易 | | | 0 | 0 |
| 7.1.1　电子商务许可证的歧视性条件 | 《广播法》第 28 章，第 9 节<br>《公司法》第 50 章（2021 年 7 月 1 日最新修订） | 否 | 0 | 0 |

续表

| 数字措施 | 具体内容 | 答案 | 打分 | 分值 |
|---|---|---|---|---|
| dg.2　电子交易 | | | 0 | 0 |
| 7.2.1　备注：从事电子商务需要许可证或授权 | 《广播法》第 28 章，第 9 节<br>IMDA 官方网站《业务守则—互联网》<br>注：根据《广播法》，位于新加坡的互联网服务 / 内容提供商自动获得类别许可。互联网服务提供商和某些类别的内容提供商必须在提供服务后 14 天内向 IMDA 注册。 | 是 | 0 | 0 |
| 7.3.1　非居民外国提供者可以在线进行税务登记和申报 | 新加坡税务局官方网站《外国实体分步指南一公司税》<br>新加坡税务局官方网站《年度报税流程（外国人）》<br>注：自 2018 年起，外国实体可以通过 Corp Pass 系统进行在线税务申报。 | 是 | 0 | 0 |
| 7.4.1　跨境交易的国内合同规范不同于国际标准化规则 | 《联合国国际合同使用电子通信公约》(2005 年 11 月 23 日通过，2013 年 3 月 1 日生效）<br>《电子交易法》(2021 年 3 月 19 日最新修订）第 88 章<br>《联合国国际货物销售合同公约》(1980 年 4 月 11 日通过）<br>注：新加坡是《联合国国际合同使用电子通信公约》和《联合国国际货物销售合同公约》的缔约国。 | 否 | 0 | 0 |
| 7.5.1　法律法规明确保护秘密信息 | 《竞争法》(2021 年 3 月 1 日最新修订）第 89 条 | 是 | 0 | 0 |
| 7.6.1　法律法规规定电子签名与手写签名具有同等法律效力 | 《电子交易法》(2021 年 3 月 19 日最新修订）第 8、18 条 | 是 | 0 | 0 |
| 7.7.1　存在争端解决机制解决由跨境数字交易引起的争议 | 《电子交易法》(2021 年 3 月 19 日最新修订）第 35 条<br>新加坡网络信息中心（SGNIC）官方网站《新加坡域名争议解决政策》<br>注：与数字交易有关的争议可以通过司法程序解决。对于与域名相关的争议，新加坡网络信息中心（“.sg”域名的法定官方注册商）提供替代性争议解决方案。 | 是 | 0 | 0 |

续表

| 数字措施 | 具体内容 | 答案 | 打分 | 分值 |
|---|---|---|---|---|
| dg.3 支付系统 | | | 2 | 0.037 |
| 8.1.1 歧视性地使用付款结算方式 | 2019 年《支付服务条例》(2020 年 1 月 28 日生效，2021 年 7 月 1 日最新修订）第 6、28 和 29 节，附表一<br>新加坡金融管理局《支付服务提供商发牌指引》(2019 年 12 月 18 日发布）<br>新加坡金融管理局《关于拟议支付服务条例的咨询文件》(2019 年 12 月 5 日最新修订）<br>注：需获得许可的支付服务包括跨境汇款服务、商户收单服务和电子货币发行服务。要获得相关支付服务牌照，申请人必须在新加坡注册成立。申请人的董事会应包括：至少 1 名新加坡公民或新加坡永久居民执行董事，或至少 1 名新加坡公民或新加坡永久居民的非执行董事和至少 1 名新加坡就业准证持有人的执行董事。2020 年生效的新条例规定，提供监管风险较低的支付服务的实体（例如商品或服务支付交易）可免除许可要求的类别。 | 是 | 1 | 0.018 |
| 8.2.1 国内支付安全标准偏离国际标准 | IMDA 官方网站，云计算及服务《资讯通信媒体网络安全、电信网络安全业务守则》<br>IMDA 官方网站，新加坡信息技术标准委员会（ITSC）<br>IMDA 官方网站，云计算及服务（MTCS 新加坡标准 ISO27001：2013 交叉认证） | 否 | 0 | 0 |
| 8.3.1 对网上银行或保险的限制 | 2019 年《支付服务法》(2021 年 7 月 1 日最新修订）第 24 条<br>2019 年《支付服务条例》(2021 年 7 月 1 日最新修订）第 18 条<br>注：自 2019 年起，个人电子钱包可存入的资金上限为 5000 新元，一年内个人电子钱包的最大转账金额上限为 30000 新元。 | 是 | 1 | 0.018 |
| dg.4 知识产权 | | | 0 | 0 |
| 9.1.1 外国公司在商标保护方面受到歧视 | 《商标法》(2021 年 12 月 1 日最新修订）<br>《商标规则》(2022 年 5 月 26 日最新修订）<br>注：依据《商标法》注册的商标仅在新加坡有效，并非强制性的。要在其他国家获得商标权 | 否 | 0 | 0 |

续表

| 数字措施 | 具体内容 | 答案 | 打分 | 分值 |
|---|---|---|---|---|
| dg.4　知识产权 | | | 0 | 0 |
| 9.1.1　外国公司在商标保护方面受到歧视 | 和保护，有必要在这些国家注册商标或通过《马德里议定书》进行国际商标注册。新加坡是《马德里议定书》的缔约国。 | 否 | 0 | 0 |
| 9.2.1　对著作权及相关权利保护的歧视待遇 | 2021 年《版权法》第 3、4、81 和 82 条<br>2021 年《版权条例》<br>注：新加坡是《伯尔尼公约》《世界知识产权组织版权条约》《世界知识产权组织表演和录音制品条约》和《与贸易有关的知识产权协定》(TRIPS) 的缔约国。如果第三国法律没有对新加坡作品给予充分保护，或者没有对此类作品的一个或多个类别给予充分保护，部长可以裁定作品中不存在版权，如果作者是或现在是根据这些条例中规定的国家法律成立的公民、国民或机构。 | 否 | 0 | 0 |
| 9.3.1　备注：版权保护的例外情况根据国际规则受到限制 | 2021 年《版权法》第五部分<br>注：法律规定了有限情况下版权保护的例外情况，包括为特定用户（例如学校和图书馆等）或出于特定原因（例如研究和报道时事）使用作品。 | 是 | 0 | 0 |
| 9.4.1　知识产权执法：提供司法或行政执法措施和补救措施 | 2021 年《版权法》第 304—308 条<br>注：根据《版权法》规定，在侵犯版权的诉讼中，法院可以给予的救济类型包括：(a) 禁令；(b) 损害赔偿；(c) 利润账户；(d) 法定损害赔偿如原告人选择以法定损害赔偿代替损害赔偿或利润账户：(i) 每件侵犯版权的作品或客体不超过 10000 美元；(ii) 合计不超过 200000 美元，除非原告证明其因此类侵权行为而遭受的实际损失超过 200000 美元。 | 是 | 0 | 0 |
| 9.4.2　知识产权执法：可以采取临时措施 | 2021 年《版权法》第 330、332、333、334、357 条<br>注：版权所有者或被许可人可向海关署长发出书面通知，说明侵权版权材料的副本预计将进口或出口，并要求海关署长扣押这些副本。 | 是 | 0 | 0 |

续表

| 数字措施 | 具体内容 | 答案 | 打分 | 分值 |
|---|---|---|---|---|
| dg.4　知识产权 | | | 0 | 0 |
| 9.4.3　知识产权执法：可以进行刑事执法程序和处罚 | 2021年《版权法》第444—450、453、455、456、457条 | 是 | 0 | 0 |
| dg.5　其他影响数字化服务贸易的壁垒 | | | 2 | 0.044 |
| 10.1.1　影响跨境数字贸易的业绩要求 | 《广播法》第28章，第9节 | 否 | 0 | 0 |
| 10.2.1　影响跨境数字交易的下载和流媒体的限制 | 《广播法》第28章，第9节<br>IMDA官方网站《业务守则—媒体》<br>IMDA情况说明书—在线新闻网站与传统新闻平台的许可框架趋于一致<br>注：如果IMDA通知持牌人播出的节目出现以下情形，则持牌人（包括互联网接入服务提供商和互联网服务转售商）应移除或禁止播放其服务中包含的全部或任何部分节目：（a）节目的全部或部分违反适用于被许可人的业务守则；（b）节目：（i）违反公共利益、公共秩序或国家和谐；（ii）不符合良好的品位或体面。此外，定期报道与新加坡有关的问题并在读者中具有重要影响力的在线新闻网站必须在24小时内遵守监管机构的指示，删除被发现违反内容标准的内容。 | 是 | 1 | 0.022 |
| 10.3.1　在线广告限制 | 《广播法》第28章，第9节<br>《防止在线虚假和操纵法案》（2021年12月31日最新修订）第47条 | 否 | 0 | 0 |
| 10.4.1　要求有商业存在才能提供跨境服务 | 《广播法》第28章，第9节<br>IMDA官方网站《业务守则—媒体》 | 否 | 0 | 0 |
| 10.5.1　要求有当地存在才能提供跨境服务 | 《公司法》第50章<br>注：外国公司在新加坡设有注册办事处，所有通信和通知均可发送至该办事处，并在每个工作日上午9点至下午5点之间向公众开放和访问不少于5小时。 | 是 | 1 | 0.022 |

续表

| 数字措施 | 具体内容 | 答案 | 打分 | 分值 |
|---|---|---|---|---|
| dg.5 其他影响数字化服务贸易的壁垒 | | | 2 | 0.044 |
| 10.6.1 企业可以在商业行为限制了特定市场竞争时采取补救措施 | 《竞争法》第 50B 章<br>2016 年《资讯通信媒体发展管理局法》2018 年 4 月 1 日最新修订第 67、68 条 | 是 | 0 | 0 |
| 10.50.1 数字化服务的其他限制 | 《电子交易法》 | 否 | 0 | 0 |

资料来源：OECD Digital STRI。

# 附表 3：

## OECD 数字服务贸易限制指数—印度限制措施

| 数字措施 | 具体内容 | 答案 | 打分 | 分值 |
| --- | --- | --- | --- | --- |
| dg.1　基础设施 | | | 5 | 0.198 |
| 6.1.1　强制互联（固定） | 《电信互联条例》(2018 年 1 月 2 日通过，2020 年 7 月 10 日最新修订）第 3、4 条<br>注：每个服务提供商应在收到服务提供商请求的三十天内，在不歧视的基础上与该服务提供商签订互联协议。 | 是 | 0 | 0 |
| 6.1.1　强制互联（移动） | 《电信互联条例》(2018 年 1 月 2 日通过，2020 年 7 月 10 日最新修订）第 3、4 条<br>注：每个服务提供商应在收到服务提供商的请求后三十天内，在不歧视的基础上与该服务提供商签订互联协议。 | 是 | 0 | 0 |
| 6.2.1　互联价格和条件受到监管（固定） | 《电信互联使用费条例》(2020 年第 16 次修正，2020 年第 4 号，印度电信管理局于 2020 年 4 月 17 日通过）<br>注：互联价格和条件受该法规管辖并定期修订。互联费用适用于所有服务提供商之间的安排，包括具有重要市场支配力量（即市场份额大于 30%）的实体提供的互联服务。 | 是 | 0 | 0 |
| 6.2.1　互联价格和条件受到监管（移动） | 《电信互联使用费条例》(2020 年第 16 次修正，2020 年第 4 号，印度电信管理局于 2020 年 4 月 17 日通过）<br>注：互联价格和条件受该法规管辖并定期修订，互联费用适用于所有服务提供商之间的安排，包括具有重要市场支配力量（即市场份额大于 30%）的实体提供的互联服务。 | 是 | 0 | 0 |

续表

| 数字措施 | 具体内容 | 答案 | 打分 | 分值 |
|---|---|---|---|---|
| dg.1 基础设施 | | | 5 | 0.198 |
| 6.3.1 互联参考报价已公开（固定） | 《电信互联条例》（2020 年 7 月 12 日最新修订）第 3 条<br>注：拥有超大市场力量的服务供应商须在本条例发布后 90 天内，公布一份参考互联要约（RIO），说明互联的技术及商业条件。 | 是 | 0 | 0 |
| 6.3.1 互联参考报价已公开（移动） | 《电信互联条例》（2020 年 7 月 12 日最新修订）第 3 条<br>注：拥有超大市场力量的服务供应商须在本条例发出后 90 天内，公布一份参考互联要约（RIO），说明互联的技术及商业条件。 | 是 | 0 | 0 |
| 6.4.1 要求垂直分离（固定） | 《会计分离报告制度条例》（2016 年第 5 号，2016 年 6 月 10 日）第二章和附表 1<br>注：要求会计分离。服务提供商必须向印度电信监管局（TRAI）提交一份手册，说明其如何实施此要求。事后对手册的修改必须通知 TRAI。此外，还必须在每个会计年度提交财务和审计报告以证明会计分离。 | 是 | 0 | 0 |
| 6.4.1 要求垂直分离（移动） | 《会计分离报告制度条例》（2016 年第 5 号，2016 年 6 月 10 日）第二章和附表 1<br>注：要求会计分离。服务提供商必须向印度电信监管局（TRAI）提交一份手册，说明其如何实施此要求。事后对手册的修改必须通知 TRAI。此外，还必须在每个会计年度提交财务和审计报告以证明会计分离。 | 是 | 1 | 0.04 |
| 6.5.1 备注：要求非歧视互联网流量管理 | 印度电信管理局（TRAI）《网络中立的建议》（2017 年 11 月 28 日）<br>印度电信管理局（TRAI）《禁止数据服务歧视性关税条例》（2016 年 2 月 8 日，2016 年第 2 号）<br>《网络中立政策指令》（电信部函 12-30/NT/2015/OTT（Pt），2018 年 7 月 31 日）<br>注：2018 年 7 月 31 日，电信部（DoT）批准了印度电信管理局（TRAI）提出的有关网络中立的建议。电信部发布的新政策指令规定，提供互联网访问服务时不得有任何形式的歧视或干扰。 | 是 | 0 | 0 |

续表

| 数字措施 | 具体内容 | 答案 | 打分 | 分值 |
| --- | --- | --- | --- | --- |
| dg.1　基础设施 | | | 5 | 0.198 |
| 6.25.1　备注：在该细分市场中至少有一家主导公司（数字） | TRAI《印度电信服务绩效指标》（2021 年 10—12 月，2022 年 5 月 4 日）第 1 章，第 24—26 页，表 1.20 和 1.21<br>注：主导企业是指在特定市场中市场份额达到或超过 30% 的企业。国营电信公司 BSNL 是有线服务领域的主导企业，截至 2021 年 12 月，拥有 31.92% 的市场份额。 | 是 | 0 | 0 |
| 6.25.1　备注：在该细分市场中至少有一家主导公司，移动源（移动） | TRAI《印度电信服务绩效指标》（2021 年 10—12 月，2022 年 5 月 4 日）第 1 章，第 15 页，表 1.11<br>注：主导企业指在特定市场中市场份额达到或超过 30% 的企业。TRAI 并不共享根据呼叫起始 / 终结分类的无线（移动）用户数据。因此，在计算市场份额时考虑的是整体无线用户基数。Reliance Jio 和 Bharti Airtel 的无线用户市场份额分别为 36% 和 30.81%，是市场上占支配地位的两家公司。 | 是 | 0 | 0 |
| 6.25.1　备注：在移动细分市场中至少有一家主导公司，移动源（数字） | TRAI《印度电信服务绩效指标》（2019 年 10 月—12 月）<br>注：印度电信监管机构不监管移动终端。 | 否 | 0 | 0 |
| 6.6.1　使用通讯服务的限制 | 《电信服务临时中止（公共紧急状态或公共安全）规则》（通信部（电信局）通知，2017 年 8 月 7 日）<br>注：2017 年《电信服务临时中止（公共紧急状态或公共安全）规则》规定了电信服务的临时中止。 | 是 | 1 | 0.04 |
| 6.7.1　备注：个人数据自由跨境传输或责任制的适用 | 通信和信息技术部（信息技术局）《合理安全措施和程序以及敏感的个人数据或信息通知》（2011 年 4 月 11 日生效）第 7 条<br>2000 年《信息技术法》（电子和信息技术部法，2000 年 10 月 17 日生效，2008 年修订，2009 年 2 月 5 日生效）第 43A、72A 条 | 否 | 0 | 0 |

续表

| 数字措施 | 具体内容 | 答案 | 打分 | 分值 |
|---|---|---|---|---|
| dg.1 基础设施 | | | 5 | 0.198 |
| 6.7.2 如果某些私营部门保护措施到位，可能进行个人数据跨境传输 | 通信和信息技术部（信息技术局）《合理安全措施和程序以及敏感的个人数据或信息通知》（2011 年 4 月 11 日生效）第 7 条<br>2000 年《信息技术法》（电子和信息技术部法，2000 年 10 月 17 日生效，2008 年修订，2009 年 2 月 5 日生效）第 43A、72A 条<br>注：印度目前没有单独的数据保护法。2019 年印度《个人数据保护法案》尚未生效。 | 否 | 1 | 0.04 |
| 6.7.3 跨境数据流动：个人数据跨境传输可能在隐私保护法基本相同的国家之间进行 | 通信和信息技术部（信息技术局）《合理安全措施和程序以及敏感的个人数据或信息通知》（2011 年 4 月 11 日生效）第 7 条<br>2000 年《信息技术法》（电子和信息技术部法，2000 年 10 月 17 日生效，2008 年修订，2009 年 2 月 5 日生效）第 43A、72A 条<br>注：个人数据只能传输到确保与印度数据发送者具有相同数据保护水平的另一国家，并且该传输对于履行合同是必要的或相关人员已同意传输数据。印度目前没有单独的数据保护法。2019 年印度《个人数据保护法案》尚未生效。 | 是 | 1 | 0.04 |
| 6.7.4 跨境数据流动：跨境传输需逐案审批 | 通信和信息技术部（信息技术局）《合理安全措施和程序以及敏感的个人数据或信息通知》（2011 年 4 月 11 日生效）第 7 条<br>2000 年《信息技术法》（电子和信息技术部法，2000 年 10 月 17 日生效，2008 年修订，2009 年 2 月 5 日生效）第 43A、72A 条<br>注：印度目前没有单独的数据保护法。2019 年印度《个人数据保护法案》尚未生效。 | 否 | 0 | 0 |
| 6.7.5 跨境数据流动：某些数据必须本地存储 | 印度储备银行（RBI）关于支付系统数据存储的指令（RBI/2017-18/153，DPSS.CO.OD No.2785/06.08.005/2017-2018，2018 年 4 月 6 日）<br>印度储备银行（RBI）关于发展和监管政策的声明（2018 年 4 月 5 日）第一部分第 4 条（支付系统数据的存储） | 是 | 1 | 0.04 |

续表

| 数字措施 | 具体内容 | 答案 | 打分 | 分值 |
|---|---|---|---|---|
| dg.1　基础设施 | | | 5 | 0.198 |
| 6.7.5　跨境数据流动：某些数据必须本地存储 | 注：印度所有支付系统运营商都必须确保与其运营的支付系统相关的数据仅存储在印度境内。印度储备银行通告于 2018 年 10 月生效。 | 是 | 1 | 0.04 |
| 6.7.6　跨境数据流动：禁止数据传输 | 通信和信息技术部（信息技术局）《合理安全措施和程序以及敏感的个人数据或信息通知》（2011 年 4 月 11 日生效）第 7 条<br>2000 年《信息技术法》（电子和信息技术部法，2000 年 10 月 17 日生效，2008 年修订，2009 年 2 月 5 日生效）第 43A、72A 条<br>注：印度目前没有单独的数据保护法，2019 年印度《个人数据保护法案》尚未生效。 | 否 | 0 | 0 |
| dg.2　电子交易 | | | 2 | 0.043 |
| 7.1.1　电子商务许可证的歧视性条件 | 《电子商务外商直接投资指南》（印度工商业部 2016 年第 3 号公报）<br>注：仅允许外国电子商务实体从事企业对企业（B2B）电子商务活动，不允许从事企业对消费者（B2C）活动，除非特定情况（例如，制造商通过电子商务零售销售其在印度制造的产品）。 | 是 | 0 | 0 |
| 7.2.1　备注：从事电子商务需要许可证或授权 | 《工业政策和促进部的外国直接投资综合政策通知》（外国直接投资综合政策：2020 年 10 月 15 日起生效）第 5.2.15.2 节。 | 否 | 0 | 0 |
| 7.3.1　非居民外国提供者可以在线进行税务登记和申报 | 印度所得税部<br>注：非居民印度人（NRI）可以在 UTIITSL 或 NSDL 的永久账号（PAN）申请中心提交 49A 表格以及必要的文件和规定的费用，申请纳税申报所需的永久账号。申请人还可以通过 UTIITSL 或 NSDL 网站在线申请。 | 是 | 0 | 0 |
| 7.4.1　跨境交易的国内合同规范不同于国际标准化规则 | 《联合国国际合同使用电子通信公约》（2005 年 11 月 23 日在纽约获得通过，2013 年 3 月 1 日生效）<br>1872 年《印度合同法》（1872 年第 9 号法案，1872 年 4 月 25 日通过）<br>1930 年《印度商品销售法》（印度法律委员会） | 是 | 1 | 0.021 |

续表

| 数字措施 | 具体内容 | 答案 | 打分 | 分值 |
|---|---|---|---|---|
| dg.2　电子交易 | | | 2 | 0.043 |
| 7.4.1　跨境交易的国内合同规范不同于国际标准化规则 | 注：印度不是《联合国国际合同使用电子通信公约》的缔约国。印度还没有批准《联合国国际货物销售合同公约》，也没有签署该公约。 | 是 | 1 | 0.021 |
| 7.5.1　法律法规明确保护秘密信息 | 1872 年《印度合同法》（1872 年第 9 号法案，1872 年 4 月 25 日通过） | 否 | 1 | 0.021 |
| 7.6.1　法律法规规定电子签名与手写签名具有同等法律效力 | 2000 年《信息技术法》（2000 年第 21 号，2000 年 6 月 9 日）第 3 条和第 5 条<br>2008 年《信息技术法（修正案）》（2009 年第 10 号，2009 年 2 月 5 日）<br>电子签名—在线数字签名服务（印度电子和信息技术部，认证机构主管机关）<br>注：通过在《2000 年信息技术法》附表 2 中引入新的认证方案，建立了电子签名在线签名服务的框架 | 是 | 0 | 0 |
| 7.7.1　存在争端解决机制解决由跨境数字交易引起的争议 | 2000 年《信息技术法》（2000 年第 21 号，2000 年 6 月 9 日）第 3 条<br>2008 年《信息技术法（修正案）》（2009 年第 10 号，2009 年 2 月 5 日） | 是 | 0 | 0 |
| dg.3　支付系统 | | | 3 | 0.055 |
| 8.1.1　歧视性地使用付款结算方式 | 1949 年《银行监管法》（1949 年第 10 号法案，银行业监管（修正）条例，2020 年最新修订。第 37 号）新德里，2020 年 6 月 26 日星期五 /1942 年 6 月 5 日（SAKA）<br>注：印度储备银行（RBI）制定政策，将银行信贷引向政府认为具有社会或经济重要性的部门。与大多数其他新兴经济体一样，印度的消费信贷份额仍然很低。 | 是 | 1 | 0.018 |
| 8.2.1　国内支付安全标准偏离国际标准 | 《支付和结算系统法》（2007 年第 51 号法案，2007 年 12 月 20 日，2015 年 5 月 13 日最新修订）<br>1949 年《银行监管法》（1949 年第 10 号法案，2013 年 1 月 7 日修订，2020 年 6 月 26 日最新修订） | 是 | 1 | 0.018 |

续表

| 数字措施 | 具体内容 | 答案 | 打分 | 分值 |
| --- | --- | --- | --- | --- |
| dg.3　支付系统 | | | 3 | 0.055 |
| 8.3.1　对网上银行或保险的限制 | 《印度储备银行关于印度移动银行交易的主要通函》(主通函 RBI/2013-14/116，2013 年 7 月 1 日通过，2016 年 11 月最后访问)<br>1949 年《银行监管法》(1949 年第 10 号法案，2013 年 1 月 7 日最新修订)<br>注：银行开展移动银行服务之前，应建立基于文件的注册系统，并强制要求客户在场。 | 是 | 1 | 0.018 |
| dg.4　知识产权 | | | 0 | 0 |
| 9.1.1　外国公司在商标保护方面受到歧视 | 1999 年《商标法》第二章第 7 条<br>注：1999 年《商标法》的颁布是为了遵守 TRIPS 的规定。 | 否 | 0 | 0 |
| 9.2.1　对著作权及相关权利保护的歧视待遇 | 1957 年《印度版权法》(1957 年第 14 号法案，1957 年 6 月 4 日颁布，2012 年 6 月 7 日最新修订)<br>2013 年《版权规则》(G.S.R. 172E，2013 年 3 月 14 日颁布，2016 年 8 月 10 日最新修订)<br>注：专有权利受国内法保护。自 1928 年 4 月 1 日起，印度成为《伯尔尼公约》的缔约国，自 1975 年 1 月 10 日起，成为巴黎文本第 22-38 条的缔约国，自 1984 年 5 月 6 日起，成为巴黎文本第 1-21 条的缔约国。印度自 2018 年 9 月 25 日起成为《WIPO 版权条约》和《WIPO 表演和录音制品条约》的缔约国。作为 WTO 的成员，印度是 TRIPS 协议的缔约方。2019 年 5 月 30 日，印度公布了修正《版权规则》(2013 年)的若干规则草案。 | 否 | 0 | 0 |
| 9.3.1　备注：版权保护的例外情况根据国际规则受到限制 | 1957 年《印度版权法》(1957 年第 14 号法案，1957 年 6 月 4 日颁布，2012 年 6 月 7 日最新修订)第 52 条<br>2013 年《版权规则》(G.S.R. 172E，2013 年 3 月 14 日颁布，2016 年 8 月 10 日最新修订) | 是 | 0 | 0 |

续表

| 数字措施 | 具体内容 | 答案 | 打分 | 分值 |
|---|---|---|---|---|
| dg.4　知识产权 | | | 0 | 0 |
| 9.3.1　备注：版权保护的例外情况根据国际规则受到限制 | 注：不被视为版权侵权行为的包括：a. 合理使用，包括某些条件下的个人使用；b. 报导时事（例如新闻）；c. 司法程序所需的复制；d. 教育目的和研究等。 | 是 | 0 | 0 |
| 9.4.1　知识产权执法：提供司法或行政执法措施和补救措施 | 1957 年《印度版权法》(1957 年第 14 号法案，1957 年 6 月 4 日颁布，2012 年 6 月 7 日最新修订）第 55 条<br>2012 年《版权法修正案》(2012 年第 27 号，2012 年 6 月 7 日最新修订）<br>1999 年《印度商标法》，1999（1999 年第 47 号法案，2010 年 9 月 21 日最新修订）第 135 条<br>注：如有侵权，可给予民事救济。 | 是 | 0 | 0 |
| 9.4.2　知识产权执法：可以采取临时措施 | 1957 年《印度版权法》(1957 年第 14 号法案，1957 年 6 月 4 日颁布，2012 年 6 月 7 日最新修订）第 55 条<br>2012 年《版权法修正案》(2012 年第 27 号，2012 年 6 月 7 日最新修订）<br>1999 年《印度商标法》，1999（1999 年第 47 号法案，2010 年 9 月 21 日最新修订）第 135 条 | 是 | 0 | 0 |
| 9.4.3　知识产权执法：可以进行刑事执法程序和处罚 | 1957 年《印度版权法》(1957 年第 14 号法案，1957 年 6 月 4 日颁布，2012 年 6 月 7 日最新修订）第 63 条<br>2012 年《版权法修正案》(2012 年第 27 号，2012 年 6 月 7 日最新修订）<br>1999 年《印度商标法》，1999（1999 年第 47 号法案，2010 年 9 月 21 日最新修订）第 12 章<br>注：根据《版权法》，故意侵犯或教唆侵犯版权是犯罪行为。最低刑罚为 6 个月监禁和最低 50000 卢比罚款。同样，《商标法》规定了各种商标侵权案件的处罚和监禁期限 | 是 | 0 | 0 |

| 数字措施 | 具体内容 | 答案 | 打分 | 分值 |
|---|---|---|---|---|
| dg.5　其他影响数字服务贸易的壁垒 | | | 3 | 0.066 |
| 10.1.1　影响跨境数字贸易的业绩要求 | 2000 年《信息技术法》(2000 年第 21 号，2000 年 6 月 9 日）第 3 条<br>2008 年《信息技术法（修正案）》(2009 年第 10 号，2009 年 2 月 5 日） | 否 | 0 | 0 |
| 10.2.1　影响跨境数字交易的下载和流媒体的限制 | 1952 年《电影法》(1952 年第 37 号法案，1952 年 6 月 10 日通过，1983 年最新修订）第 4 条<br>1995 年《有线电视网络（条例）法》(1995 年第 7 号法案，2011 年最新修订）<br>注：拟在印度境内公开展映的电影必须经过电影认证中央委员会（CBFC）的批准（以认证形式）。在此过程中，CBFC 会基于不同观众类别的适应性为电影加上标签。CBFC 还可以基于各种理由拒绝认证，包括电影对印度主权提出质疑，危害安全或与外国的友好关系等。没有认证，该电影无法在电影院、有线电视或互联网（自 2016 年起）上放映。注意：Over-the-top 服务（例如 VOD 服务）不受许可限制，因此对内容认证没有明确要求。 | 是 | 1 | 0.022 |
| 10.3.1　在线广告限制 | 2016 年《金融法》(2016 年第 28 号法案）第八章衡平税<br>印度广告标准委员会（ASCI)《广告自我规范守则》第四章<br>注：自 2016 年起，向在印度没有商业存在的外国公司购买广告服务将征收 6% 的衡平税。 | 是 | 1 | 0.022 |
| 10.4.1　要求有商业存在才能提供跨境服务 | 1999 年《外汇管理法》<br>2013 年《公司法》(2013 年第 18 号法案，2014 年 4 月 1 日生效）第十一章 | 否 | 0 | 0 |
| 10.5.1　要求有当地存在才能提供跨境服务 | 2013 年《公司法》(2013 年第 18 号法案，2014 年 4 月 1 日生效）第十一章 | 否 | 0 | 0 |

续表

| 数字措施 | 具体内容 | 答案 | 打分 | 分值 |
|---|---|---|---|---|
| dg.5 其他影响数字服务贸易的壁垒 | | | 3 | 0.066 |
| 10.6.1 企业可以在商业行为限制了特定市场竞争时采取补救措施 | 2007 年《竞争法（修正案）》第八 A 章竞争上诉法庭<br>注：向上诉法庭提起上诉：任何人均可向上诉法庭提起上诉。第 53N 条规定："给予赔偿：任何人均可向上诉法庭提出申请。" | 是 | 0 | 0 |
| 10.50.1 数字化服务的其他限制 | 工业政策与促进部的外国直接投资综合政策通知（外国直接投资综合政策：2020 年 10 月 15 日起生效）第 5.2.15.2 节<br>注：外国电子商务实体只能从事企业对企业（B2B）电子商务活动，而不能从事企业对消费者（B2C）活动，某些情况除外（例如，制造商通过电子商务零售销售其在印度生产的产品）。自 2020 年起，由电子商务市场实体或其集团公司参股的实体，或由电子商务市场实体或其集团公司控制其库存的实体，将不得在此类市场实体运营的平台上销售其产品。如果供应商有 25% 以上的采购来自电子商务市场实体或其集团公司，则该供应商的库存将被视为受电子商务市场实体控制。不允许外商投资以库存为基础的电子商务模式，即电子商务实体拥有商品和服务库存并直接销售给消费者的电子商务活动。 | 是 | 1 | 0.022 |

资料来源：OECD Digital STRI。

# 附表 4:

## OECD 数字服务贸易限制指数—俄罗斯限制措施

| 数字措施 | 具体内容 | 答案 | 打分 | 分值 |
|---|---|---|---|---|
| dg.1 基础设施 | | | 8 | 0.318 |
| 6.1.1 强制互联（固定） | 俄罗斯联邦政府决议批准的《电信网络互联及其交互规则》(第 161 号，2005 年 3 月 28 日通过，2021 年 1 月 18 日最新修订）第 28 条<br>《通讯法》(联邦法律 126-FZ，2003 年 7 月 7 日通过，2021 年 7 月 2 日最新修订）第 18、20 条<br>注：现有运营商应为所有其他运营商设置相同的互联和流量传输条件。 | 是 | 0 | 0 |
| 6.1.1 强制互联（移动） | 《通讯法》(联邦法律 126-FZ，2003 年 7 月 7 日通过，2021 年 7 月 2 日最新修订）第 18 条<br>《电信网络互连及其互动规则》(联邦法律 161-FZ，2005 年 3 月 28 日通过，2021 年 1 月 18 日最新修订）第 14 条和第 21.1 条<br>《关于批准维护在公共通信网络中占有重要地位的运营商登记册的规定》(联邦法律 55-FZ，2005 年 5 月 19 日通过）第 12 和 13 条<br>注：除非移动通信运营商自愿向监管机构提出申请，并证明其符合相关标准，否则不会被视为具有显著市场地位，但移动通信运营商必须向其他运营商提供互联和流量传输服务。 | 是 | 1 | 0.04 |
| 6.2.1 互联价格和条件受到监管（固定） | 俄罗斯联邦政府决议批准的《电信网络互联及其交互规则》(第 161 号，2005 年 3 月 28 日通过，2021 年 1 月 18 日最新修订）第 30 条<br>《通讯法》(联邦法律 126-FZ，2003 年 7 月 7 日通过，2021 年 7 月 2 日最新修订）第 20 条 | 是 | 0 | 0 |

续表

| 数字措施 | 具体内容 | 答案 | 打分 | 分值 |
| --- | --- | --- | --- | --- |
| dg.1　基础设施 | | | 8 | 0.318 |
| 6.2.1　互联价格和条件受到监管（固定） | 《关于对公用通信网络中具有重要市场力量的运营商提供互连服务和流量传输服务的价格进行监管的国家监管规定》(第 627 号，2005 年 10 月 19 日通过，2021 年 4 月 17 日最新修订）<br>注：现有运营商提供互联服务的价格受国家监管。 | 是 | 0 | 0 |
| 6.2.1　互联价格和条件受到监管（移动） | 《通讯法》(联邦法律第 126-FZ 号，2003 年 7 月 7 日通过，2021 年 7 月 2 日最新修订）第 20 条<br>俄罗斯联邦政府第 87 号决议《批准符合许可和许可条件的通信服务清单》(第 87 号，2005 年 3 月 18 日通过，2018 年 9 月 19 日最新修订）<br>俄罗斯联邦政府决议批准的《电信网络互联及其互动规则》(第 161 号，2005 年 3 月 28 日通过，2021 年 1 月 18 日最新修订）第 15-18 条，第 40 条<br>《关于批准维护在公共通信网络中占有重要地位的运营商登记册的规定》(联邦法律 55-FZ，2005 年 5 月 19 日通过）第 12 和 13 条<br>注：移动通信运营商不受到具有重要市场力量运营商的监管，除非他们自愿向监管机构提出申请，要求被视为具有重要市场力量并证明他们符合相关标准。截至 2021 年，在通信领域具有重要市场力量的运营商登记册不包含移动运营商。不对非具有重要市场力量的运营商的费率进行监管。 | 否 | 1 | 0.04 |
| 6.3.1　互联参考报价已公开（固定） | 俄罗斯联邦政府决议批准的《电信网络互联及其交互规则》(第 161 号，2005 年 3 月 28 日通过，2021 年 1 月 18 日最新修订）第 31 和 32 条 | 是 | 0 | 0 |

续表

| 数字措施 | 具体内容 | 答案 | 打分 | 分值 |
| --- | --- | --- | --- | --- |
| dg.1　基础设施 | | | 8 | 0.318 |
| 6.3.1　互联参考报价已公开（固定） | 《通讯法》（联邦法律 126-FZ，2003 年 7 月 7 日通过，2021 年 7 月 2 日最新修订）第 2 和第 19 条<br>《关于对公用通信网络中具有重要市场力量的运营商提供互联服务和流量传输服务的价格进行监管的国家监管规定》（第 627 号，2005 年 10 月 19 日通过，2021 年 4 月 17 日最新修订）第 6 条<br>注：现有运营商必须在专门的大众媒体上发布互联要求。 | 是 | 0 | 0 |
| 6.3.1　互联参考报价已公开（移动） | 《通讯法》（联邦法律 126-FZ，2003 年 7 月 7 日通过，2021 年 7 月 2 日最新修订）第 18 条<br>俄罗斯联邦政府决议批准的《电信网络互联及其互动规则》（第 161 号，2005 年 3 月 28 日通过，2021 年 1 月 18 日最新修订）第 15-18 条<br>《关于批准维护在公共通信网络中占有重要地位的运营商登记册的规定》（联邦法律 55-FZ，2005 年 5 月 19 日通过）第 12 和 13 条<br>注：除非移动通信运营商自愿向监管机构提出申请，并证明其符合相关标准，否则不会被认为具有显著市场地位。截至 2021 年，在通信领域具有重要市场力量的运营商登记册不包含移动运营商。根据法律规定，移动运营商必须在互联协议中列出基本条件清单。 | 是 | 0 | 0 |
| 6.4.1　要求垂直分离（固定） | 《通讯法》（联邦法律 126-FZ，2003 年 7 月 7 日通过，2021 年 7 月 2 日最新修订）第 20.2 条<br>《关于批准在公共通信网络中占有重要地位的经营者登记册管理条例的命令》（第 55 号，2005 年 5 月 19 日通过）第 9 条 | 是 | 0 | 0 |

续表

| 数字措施 | 具体内容 | 答案 | 打分 | 分值 |
|---|---|---|---|---|
| dg.1　基础设施 | | | 8 | 0.318 |
| 6.4.1　要求垂直分离（固定） | 注：具有重要市场支配力量的运营商有义务进行会计分离。如果固定电信运营商拥有至少百分之二十五的装机容量，或可在地理上界定的号码区内传输至少百分之二十五的通信量，则被视为具有重要市场力量。 | 是 | 0 | 0 |
| 6.4.1　要求垂直分离（移动） | 《通讯法》（联邦法律 126-FZ，2003 年 7 月 7 日通过，2021 年 7 月 2 日最新修订）<br>《关于批准在公共通信网络中占有重要地位的经营者登记册管理条例的命令》（第 55 号，2005 年 5 月 19 日通过）第 12 和 13 条<br>注：具有重要市场支配地位的运营商有义务进行会计分离。除非移动通信运营商自愿向监管机构提出申请，并证明其符合相关标准，否则不会被视为具有显著市场地位。截至 2021 年，在通信领域具有重要市场力量的运营商登记册不包含移动运营商。 | 否 | 1 | 0.04 |
| 6.5.1　备注：要求非歧视互联网流量管理 | 《通讯法》（联邦法律 126-FZ，2003 年 7 月 7 日通过，2021 年 7 月 2 日最后修正）第 10.1、56-2、65-1、46（5-3）条<br>《俄罗斯联邦关于保护儿童免受危害其健康和发展的信息以及其他立法法案》（2010 年 12 月 29 日通过，2012 年 7 月 28 日生效，2021 年 7 月 2 日最新修订）<br>《信息、信息技术和信息保护法》（联邦法律 149-FZ，2006 年 7 月 8 日通过，2010 年 7 月 27 日生效，2021 年 7 月 2 日最新修订）第 10-1、10-3、15-3、15-4 条<br>注：自 2021 年起，运营商在提供数据传输和互联网访问的通信服务时，有义务提供免费访问国内重要社会信息资源清单所列网站、信息系统和计算机程序（尤其是国家机构网站）的服务。此类网站清单由俄罗斯联邦政府制定。自 2019 年起，如果俄罗斯联邦境内互联网运行的稳定性、安全性和完整性受到威胁， | 否 | 0 | 0 |

续表

| 数字措施 | 具体内容 | 答案 | 打分 | 分值 |
|---|---|---|---|---|
| dg.1 基础设施 | | | 8 | 0.318 |
| 6.5.1 备注：要求非歧视互联网流量管理 | 国家主管机关可启动中央通信网络，并规定相关运营商的电信信息路由规则。此外，互联网广告面向俄罗斯联邦境内消费者的搜索引擎运营商，在应搜索引擎用户要求显示搜索结果时，应公民（个人）的要求有义务停止提供指向互联网网站页面索引的链接，该链接允许访问违反俄罗斯联邦法律传播的有关该个人的信息，这些信息是不可靠的、不相关的且已失去其价值。此外，互联网用户电子信息的接收、传输、交付和（或）处理服务提供商必须在俄罗斯联邦境内存储互联网用户的文本信息、语音信息、图像、声音、视频和其他电子信息，存储时间自相应日期起最长不超过六个月。根据国家主管机关要求，此类提供商必须限制用户使用即时信息服务的能力。自 2017 年起，如果不遵守上述要求，可通过法院命令封锁电子信息系统，直至违规行为得到纠正。 | 否 | 0 | 0 |
| 6.25.1 备注：在该细分市场中至少有一家公司占主导地位，移动源（数字） | 俄罗斯电信公司信息<br>俄罗斯电信公司 2021 年投资者报告，第 36 页<br>注：俄罗斯电信公司（Rostelekom）是一家国有股份占 51% 的运营商，在细分市场占主导地位。俄罗斯联邦反垄断局自然垄断登记处将 Rostelecom 等国有公司列为通信领域的自然垄断企业。 | 是 | 0 | 0 |
| 6.25.1 备注：在该细分市场中至少有一家主导公司，移动源（固定） | 俄罗斯电信公司信息<br>俄罗斯电信公司 2021 年投资者报告，第 36 页<br>《关于批准维护在公共通信网络中占有重要地位的运营商登记册的规定》(联邦法律 55-FZ，2005 年 5 月 19 日通过）第 12 和 13 条 | 是 | 0 | 0 |

续表

| 数字措施 | 具体内容 | 答案 | 打分 | 分值 |
| --- | --- | --- | --- | --- |
| dg.1　基础设施 | | | 8 | 0.318 |
| 6.25.1　备注：在该细分市场中至少有一家主导公司，移动源（固定） | 注：Rostelecom 是一家国有股份占 51% 的运营商。Rostelecom 的全资子公司 Tele2 Russia 是移动通信市场的主要参与者。然而，除非移动通信运营商自愿向监管机构提出申请，并证明其符合相关标准，否则不会被视为具有重要市场力量。截至 2021 年，在通信领域具有重要市场支配力量运营商登记册中没有移动运营商。 | 是 | 0 | 0 |
| 6.25.1　备注：在该市场中至少有一家主导公司，移动源（移动） | 俄罗斯电信公司信息<br>俄罗斯电信公司 2021 年投资者报告，第 36 页<br>《关于批准维护在公共通信网络中占有重要地位的运营商登记册的规定》(联邦法律 55-FZ，2005 年 5 月 19 日通过）第 12 和 13 条<br>注：Rostelecom 是一家国有股份占 51% 的运营商。Rostelecom 的全资子公司 Tele2 Russia 是移动通信市场的主要参与者。然而，除非移动通信运营商自愿向监管机构提出申请，并证明其符合相关标准，否则不会被视为具有重要市场力量。截至 2021 年，在通信领域具有重要市场支配力量的运营商登记册中没有移动运营商。 | 是 | 0 | 0 |
| 6.6.1　使用通讯服务的限制 | 《信息、信息技术和信息保护法》(联邦法律 149-FZ，2006 年 7 月 8 日通过，2010 年 7 月 27 日生效，2021 年 7 月 2 日最新修订）第 15-1、15-1-1、15-3、15-8 条<br>关于批准向通信运营商、技术通信网络所有者或其他所有者提供信息和电信网络“互联网”中一套通信手段和其他技术手段的唯一标识符的程序的命令，以及控制上述主体遵守《信息、信息技术和信息保护法》和《联邦通信法》规定的技术手段的命令，规定对信息访问的限制，以及对此类技术手段、安装和操作的要求（第 220 号，2019 年 7 月 31 日通过）附件 2，第 2 项 | 是 | 1 | 0.04 |

续表

| 数字措施 | 具体内容 | 答案 | 打分 | 分值 |
| --- | --- | --- | --- | --- |
| dg.1　基础设施 | | | 8 | 0.318 |
| 6.6.1　使用通讯服务的限制 | 关于批准安装反威胁技术手段的技术条件以及使用反威胁技术手段时对通信网络的要求的命令（第228号，2019年7月31日通过）<br>注：立法要求限制访问提供VPN和类似代理服务的网站，这些网站不符合相关国家机关封锁互联网网站的要求，包含禁止在俄罗斯联邦传播的信息。2017年对《信息法》进行了最新修订，纳入了旨在限制使用信息电信网络和信息资源（互联网网站、信息系统、计算机程序）的措施，这些网络和资源能够访问在俄罗斯联邦境内被封锁的网络和资源。自2019年起，通信运营商和/或拥有自主系统编号的技术网络所有者必须安装特殊的技术设备，以自动阻止在俄罗斯联邦境内限制访问的互联网网站。提供互联网接入服务的运营商也有义务在其通信网络中安装技术手段，以应对俄罗斯联邦境内互联网和公共通信网络运行的稳定性、安全性和完整性所面临的威胁。 | 是 | 1 | 0.04 |
| 6.7.1　备注：个人数据自由跨境传输或责任制的适用 | 《信息、信息技术和信息保护法》（联邦法律149-FZ，2006年7月8日通过，2010年7月27日生效，2021年7月2日最新修订）<br>《数据保护法》（联邦法律152-FZ，2006年7月27日通过，2021年7月2日最新修订）第18.5条 | 否 | 0 | 0 |
| 6.7.2　如果某些私营部门保护措施到位，可能进行个人数据跨境传输 | 《数据保护法》（联邦法律152-FZ，2006年7月27日通过，2021年7月2日最新修订）第12、18-1、19（6-8）、22-1条<br>《信息、信息技术和信息保护法》（联邦法律149-FZ，2006年7月8日通过，2010年7月27日生效，2021年7月2日最新修订）<br>注：一般规则是只有在确保充分保护水平的国家或有某些保障措施的情况下，才可以进行数据传输（例如，在获得数据主体的书面 | 否 | 1 | 0.04 |

续表

| 数字措施 | 具体内容 | 答案 | 打分 | 分值 |
| --- | --- | --- | --- | --- |
| dg.1　基础设施 | | | 8 | 0.318 |
| 6.7.2　如果某些私营部门保护措施到位，可能进行个人数据跨境传输 | 同意后，才能向不能确保适当数据保护水平的国家进行跨境数据传输；通过发布数据运营商的内部业务守则来确保数据保护；特定行业的数据运营商协会可能会在获得国家主管机关批准后采取其他措施来保护数据）。 | 否 | 1 | 0.04 |
| 6.7.3　跨境数据流动：个人数据跨境传输可能在隐私保护法基本相同的国家之间进行 | 《信息、信息技术和信息保护法》(联邦法律149-FZ，2006 年 7 月 8 日通过，2010 年 7 月 27 日生效，2021 年 7 月 2 日最新修订)<br>《数据保护法》(联邦法律 152-FZ，2006 年 7 月 27 日通过，2021 年 7 月 2 日最新修订)第 12 条<br>注：只有在确保充分保护水平的国家或采取了某些保障措施的情况下，才可以向这些国家进行跨境数据传输（只有在收到数据主体的书面同意后，才可以向不能确保充分保护水平的国家进行跨境数据传输）。具有适当保护水平的国家包括《关于在个人数据自动处理方面保护个人的斯特拉斯堡公约》的签署国以及监管机关（Roskomnadzor）批准的国家，前提是这些国家的法律框架和数据保护措施符合上述公约的规定。 | 是 | 1 | 0.04 |
| 6.7.4　跨境数据流动：跨境传输需逐案审批 | 《个人数据法》(第 152-FZ 号联邦法律，2006 年 7 月 27 日通过，2022 年 7 月 14 日最新修订)第 12 条<br>《关于修改“个人数据”联邦法、俄罗斯联邦若干法案并承认“银行和银行业务”联邦法第 30 条第 14 款无效的联邦法》(第 266-FZ 号，2022 年 7 月 14 日通过，第 1(7) 条)<br>注：自 2022 年起，《联邦个人数据法》修正案规定，个人数据运营商在跨境传输个人数据时必须事先获得国家监管机关的批准。监管机关在审议申请和所需文件后，可拒绝或限制个人数据的跨境传输，以保护俄罗斯联邦公民的道德、健康、权利和合法利益。 | 是 | 1 | 0.04 |

续表

| 数字措施 | 具体内容 | 答案 | 打分 | 分值 |
|---|---|---|---|---|
| dg.1 基础设施 | | | 8 | 0.318 |
| 6.7.5 跨境数据流动：某些数据必须本地存储 | 《信息、信息技术和信息保护法》（联邦法律149-FZ，2006年7月8日通过，2010年7月27日生效，2021年7月2日最新修订）第16.4（7）条<br>《数据保护法》（联邦法律152-FZ，2006年7月27日通过，2021年7月2日最新修订）第18.5条<br>注：一般规则是运营商必须使用位于俄罗斯境内的数据库记录、系统化、处理、存储、修改、最新修订和检索有关俄罗斯公民的数据。俄罗斯联邦数字发展、通信和大众传媒部提供有关个人数据处理和存储法律规定的解释。 | 是 | 1 | 0.04 |
| 6.7.6 跨境数据流动：禁止数据传输 | 《信息、信息技术和信息保护法》（联邦法律149-FZ，2006年7月8日通过，2010年7月27日生效，2021年7月2日最新修订）<br>《数据保护法》（联邦法律152-FZ，2006年7月27日通过，2021年7月2日最新修订）第12条和第18（5）条<br>注：为了保护俄罗斯宪法体系的基础，公民的道德、健康、权利和合法权益，确保国家的国防和国家安全，可以禁止或限制数据的跨境传输。 | 否 | 0 | 0 |
| dg.2 电子交易 | | | 0 | 0 |
| 7.1.1 电子商务许可证的歧视性条件 | 《俄罗斯联邦国家管制贸易的原则》（联邦法律N 381-FZ，2009年12月28日通过，2021年7月2日最新修订）<br>关于批准《零售和购买协议下商品销售规则》《耐用品清单》《消费者要求在修理或更换商品期间免费提供具有相同基本消费属性的商品的清单》《非食品类优质商品清单》《非调换商品清单》以及《关于对俄罗斯联邦政府部分法案进行修改的规定》（第2463号，2020年12月31日通过）条目12-27<br>《消费者权利保护》（2300-1，1992年7月2日通过，2021年6月11日最新修订）第26-1条 | 否 | 0 | 0 |

续表

| 数字措施 | 具体内容 | 答案 | 打分 | 分值 |
| --- | --- | --- | --- | --- |
| dg.2　电子交易 | | | 0 | 0 |
| 7.2.1　备注：从事电子商务需要许可证或授权 | 《俄罗斯联邦国家管制贸易的原则》（联邦法律 N 381-FZ，2009 年 12 月 28 日通过，2021 年 7 月 2 日最新修订）<br>关于批准《零售和购买协议下商品销售规则》《耐用品清单》《消费者要求在修理或更换商品期间免费提供具有相同基本消费属性的商品的清单》《非食品类优质商品清单》《非调换商品清单》以及《关于对俄罗斯联邦政府部分法案进行修改的规定》，第 2463 号，2020 年 12 月 31 日通过，条目 12-27<br>《消费者权利保护》（2300-1，1992 年 7 月 2 日通过，2021 年 6 月 11 日最新修订）第 26-1 条<br>注：在俄罗斯开办在线业务的第一步是在公司注册处注册公司，然后注册域名和创建网站。自 2017 年起，为增值税目的提供数字服务的地点被视为消费者所在地。因此，对于以电子方式向俄罗斯消费者提供的服务，外国供应商有义务在俄罗斯缴纳增值税，但在 2019 年 1 月 1 日之前，俄罗斯接收公司被视为外国供应商的税务代理人。自 2019 年 1 月 1 日起，这一规定已被废除，外国供应商必须在与俄罗斯公司的互动中提交纳税申报表并缴纳增值税。为了缴纳增值税，外国供应商必须在俄罗斯注册为纳税人。 | 否 | 0 | 0 |
| 7.3.1　非居民外国提供者可以在线进行税务登记和申报 | 《俄罗斯联邦税法》（第一部分，联邦法律 146-FZ，1998 年 7 月 31 日通过，2019 年 9 月 29 日最新修订）第 83（4.6）、84（5-1）条；（第二部分，联邦法律 117-FZ，2000 年 5 月 8 日通过，2021 年 7 月 2 日最新修订）第 174-2（8）条<br>纳税人的个人账户<br>注：自 2017 年起，在俄罗斯提供电子（数字）服务的外国公司可以在联邦税收服务（FTS）网站上在线注册为增值税纳税人，并以电子方式提交纳税申报表。 | 是 | 0 | 0 |

续表

| 数字措施 | 具体内容 | 答案 | 打分 | 分值 |
|---|---|---|---|---|
| dg.2　电子交易 | | | 0 | 0 |
| 7.4.1　跨境交易的国内合同规范不同于国际标准化规则 | 《联合国国际合同使用电子通信公约》（2005年11月23日在纽约获得通过，2013年3月1日生效）<br>联合国国际贸易法委员会（UNCITRAL）《国际货物销售合同公约》（CISG）<br>注：俄罗斯于2014年1月批准《联合国国际合同使用电子通信公约》，同年8月该公约生效。俄罗斯于1991年批准《国际货物销售合同公约》。 | 否 | 0 | 0 |
| 7.5.1　法律法规明确保护秘密信息 | 《信息、信息技术和信息保护法》（联邦法律149-FZ，2006年7月8日通过，2010年7月27日生效，2021年7月2日最新修订）第16条<br>《商业秘密法》（联邦法律N98-FZ，2004年7月29日通过，2021年3月9日最新修订）第6条<br>注：只有依据法院判决才能将机密信息披露给第三方。 | 是 | 0 | 0 |
| 7.6.1　法律法规规定电子签名与手写签名具有同等法律效力 | 《关于修改俄罗斯联邦某些法案以废除在自然人和法人与公共机关和地方当局的互动中使用电子文件的限制的修正案》（2015年3月7日通过）第2-1条<br>《电子签名法》（联邦法律63-FZ，2011年4月6日通过，2021年6月11日最新修订）第6条 | 是 | 0 | 0 |
| 7.7.1　存在争端解决机制解决由跨境数字交易引起的争议 | 《域名争议适用程序》（2012年9月20日通过，2019年12月17日最新修订）<br>注：解决与域名有关的争议有特定的程序。 | 是 | 0 | 0 |
| dg.3　支付系统 | | | 2 | 0.037 |
| 8.1.1　歧视性地使用付款结算方式 | 《俄罗斯联邦国家管制贸易的原则》（联邦法律N381-FZ，2009年12月28日通过，2021年7月2日最新修订） | 是 | 1 | 0.018 |

续表

| 数字措施 | 具体内容 | 答案 | 打分 | 分值 |
|---|---|---|---|---|
| dg.3　支付系统 | | | 2 | 0.037 |
| 8.1.1　歧视性地使用付款结算方式 | 《国家支付系统》（161FZ，2011 年 6 月 27 日通过，2021 年 6 月 11 日最新修订）第 9-1（7）、19-2 条<br>《关于对国家支付系统联邦法和俄罗斯中央银行联邦法的修正案》（联邦法律 N264－FZ，2019 年 8 月 2 日通过）第 3（8）条<br>注：自 2019 年起，禁止外国支付服务提供商向居民客户提供电子支付方式。为了向个人提供跨境汇款服务，外国支付系统运营商应在俄罗斯联邦注册单独的分支机构或代表处，并使用俄罗斯的支付基础设施。俄罗斯中央银行对外国支付系统运营商进行注册（在俄罗斯提供服务的前提条件），如果运营商不遵守法律规定的要求，则可拒绝注册。 | 是 | 1 | 0.018 |
| 8.2.1　国内支付安全标准偏离国际标准 | 《技术法规》（联邦法律 184-FZ，2002 年 12 月 27 日通过，2021 年 7 月 2 日最新修订）第 7 条<br>ISO/IEC 14443 国家标准（联邦技术法规与气象局，2016 年 1 月 1 日通过）<br>ISO/IEC 7816 国际标准（联邦技术法规和气象局，2015 年 1 月 1 日通过）<br>注：国家标准采用的是 ISO/IEC 7816 和 ISO/IEC 14443 国际标准，联邦技术法规和气象局（FATRM）作为负责采用技术标准的主管机关，在 2006 年至 2016 年间发布的部级命令将其强制应用（或自愿应用某些已采用的 ISO 规范）。 | 否 | 0 | 0 |
| 8.3.1　对网上银行或保险的限制 | 《国家支付系统》（161 FZ，2011 年 6 月 27 日通过，2019 年 8 月 2 日最新修订）第 19.1 条<br>《金融平台交易系统》（联邦法律 211-FZ，2020 年 7 月 20 日通过）第 8 条<br>注：自 2017 年起，在支付系统、外国支付系统框架内，从俄罗斯向禁止使用俄罗斯支付系统的国家（包括俄罗斯电子支付系统）跨境转移货币或资金，只能在支付系统运营商、 | 是 | 1 | 0.018 |

续表

| 数字措施 | 具体内容 | 答案 | 打分 | 分值 |
| --- | --- | --- | --- | --- |
| dg.3 支付系统 | | | 2 | 0.037 |
| 8.3.1 对网上银行或保险的限制 | 支付基础设施服务运营商受根据俄罗斯联邦立法设立的法人实体直接或间接控制的条件下进行。此外，俄罗斯银行还在 2017 年启动了“市场”项目，为全国金融产品（服务）的在线零售建立立法和监管框架。此类在线金融交易通过金融平台实现，该平台是确保金融组织或发行人与金融服务消费者在线互动的信息系统。金融平台的接入由金融平台运营商提供。运营商必须在俄罗斯银行注册，并符合法律规定的注册要求。特别是运营商必须是在俄罗斯联邦注册的股份公司，拥有提供相关服务所需的软件和硬件，且必须位于俄罗斯联邦境内。 | 是 | 1 | 0.018 |
| dg.4 知识产权 | | | 2 | 0.043 |
| 9.1.1 外国公司在商标保护方面受到歧视 | 2022 年 5 月 27 日通过的第 322 号俄罗斯联邦总统令《关于对某些权利人履行义务的临时程序》<br>注：自 2022 年起，俄罗斯人（包括俄罗斯国家和地区机关、市政当局和俄罗斯居民）在向外国知识产权持有人支付知识产权使用费（包括罚款、罚金和其他费用）时，应将卢布转入以外国知识产权持有人名义开设的特殊 O 型银行账户。该法令适用于向以下类型的外国知识产权持有人支付的款项：（1）来自对俄罗斯实施制裁的国家（“不友好国家”）的人员，包括在其控制下的人员；（2）支持或公开呼吁对俄罗斯和俄罗斯人实施制裁的人员；（3）限制在俄罗斯使用属于自己的知识产权或停止在俄罗斯开展业务的人员；（4）对俄罗斯、俄罗斯军队和俄罗斯国家机关发表负面言论或公开传播虚假信息的人员。此外，除非外国知识产权持有人正式同意以其名义开设 O 型银行账户，否则俄罗斯人（被许可人）有权在获得同意之前不向该外国人支付任何特许权使用费（但保留继续使用相关知识产权的合法权利）。虽然该法令指出上述措施是临时性的，但没有规定适用时限。 | 是 | 1 | 0.022 |

续表

| 数字措施 | 具体内容 | 答案 | 打分 | 分值 |
|---|---|---|---|---|
| dg.4 知识产权 | | | 2 | 0.043 |
| 9.2.1 对著作权及相关权利保护的歧视待遇 | 2022 年 5 月 27 日通过的第 322 号俄罗斯联邦总统令《关于对某些权利人履行义务的临时程序》<br>注：自 2022 年起，俄罗斯人（包括俄罗斯国家、地区国家机关、市政当局和俄罗斯居民）在向外国知识产权持有人支付知识产权使用费（包括罚款、罚金和其他费用）时，应将卢布转入以外国知识产权持有人名义开设的特殊 O 型银行账户。该法令适用于向以下类型的外国知识产权持有人支付的款项：（1）来自对俄罗斯实施制裁的国家（“不友好国家”）的人员，包括在其控制下的人员；（2）支持或公开呼吁对俄罗斯和俄罗斯人实施制裁的人员；（3）限制在俄罗斯使用属于自己的知识产权或停止在俄罗斯开展业务的人员；（4）对俄罗斯、俄罗斯军队和俄罗斯国家机关发表负面言论或公开传播虚假信息的人员。此外，除非外国知识产权持有人正式同意以其名义开设 O 型银行账户，否则俄罗斯人（被许可人）有权在获得同意之前不向该外国人支付任何特许权使用费（但保留继续使用相关知识产权的合法权利）。虽然该法令指出上述措施是临时性的，但没有规定适用时限。 | 是 | 1 | 0.022 |
| 9.3.1 备注：版权保护的例外情况根据国际规则受到限制 | 《民法典》(第六部于 2006 年 12 月 18 日通过，2022 年 6 月 11 日最新修订）第 1259.6 条，第 1272-1280 条和第 1360 条<br>《关于修改俄罗斯联邦若干立法法案的联邦法》（联邦法律 46-FZ，2022 年 3 月 8 日通过，2022 年 6 月 28 日最新修订）第 18（3）条关于不能适用《俄罗斯联邦民法典》中关于保护此类商品所表达的智力活动成果的专有权以及此类商品标签的个性化手段的某些规定的商品（商品群）(第 506 号法令，2022 年 3 月 29 日通过） | 是 | 0 | 0 |

续表

| 数字措施 | 具体内容 | 答案 | 打分 | 分值 |
|---|---|---|---|---|
| dg.4　知识产权 | | | 2 | 0.043 |
| 9.3.1　备注：版权保护的例外情况根据国际规则受到限制 | 注：版权法规定了以下例外情况：关于纯粹信息性质的事件和事实的报道（当日新闻、电视节目、车辆时刻表等）；进一步分发出版作品的原件或副本；为个人目的复制作品；为信息、科学、教育和文化目的免费使用作品；图书馆、档案馆和教育机构免费使用作品；免费使用永久存放在可免费获取的地方的作品；免费公开表演合法颁布的音乐作品；为执法目的免费复制作品；根据《民法典》第 1280 条规定的条件使用计算机程序和数据库，包括其副本。自 2021 年起，俄罗斯联邦政府有权在与确保国防和国家安全、保护公民生命和健康有关的紧急情况下，在未经专利所有人同意的情况下决定使用发明、实用新型或工业品外观设计，并尽快通知专利所有人，向其支付相应的补偿。自 2022 年起，来自“不友好国家”的外国专利所有人无权获得任何补偿（《关于在未经专利所有人同意的情况下决定使用发明、实用新型或工业品外观设计时向其支付补偿金额的确定方法第 2 款及其支付程序的裁决》，第 299 号法令，2022 年 3 月 6 日通过），此外，自 2022 年起，俄罗斯联邦允许某些商品平行进口（即未经商标所有者同意在市场上进口和销售品牌商品）。法律修正案规定，在使用允许平行进口的包含知识产权成果的商品时，不得侵犯知识产权专有权。然而，最近的这些法律修正案并不直接适用于版权和相关权利。 | 是 | 0 | 0 |
| 9.4.1　知识产权执法：提供司法或行政执法措施和补救措施 | 《民法典》（第六部于 2006 年 12 月 18 日通过，2022 年 6 月 28 日最新修订）第 1248 条《俄罗斯联邦若干立法法案的联邦法》（联邦法律 46-FZ，2022 年 3 月 8 日通过，2022 年 6 月 28 日最新修订）第 18（3）条 | 是 | 0 | 0 |

续表

| 数字措施 | 具体内容 | 答案 | 打分 | 分值 |
|---|---|---|---|---|
| dg.4　知识产权 | | | 2 | 0.043 |
| 9.4.1　知识产权执法：提供司法或行政执法措施和补救措施 | 关于不能适用《俄罗斯联邦民法典》中关于保护此类商品所表达的智力活动成果的专有权以及此类商品标签的个性化手段的某些规定的商品（商品群）（第506号法令，2022年3月29日通过）<br>注：自2022年起，俄罗斯联邦允许某些商品的平行进口（即未经商标所有者同意在市场上进口和销售品牌商品）。法律修正案规定，在使用允许平行进口的包含知识产权成果的商品时，不得侵犯知识产权专有权。允许平行进口的商品清单包括2022年宣布退出俄罗斯市场并不再向俄罗斯进口其产品的公司的商品。参见俄罗斯联邦政府关于批准不适用《俄罗斯联邦民法典》第1359条第6款和第1487条规定的商品（商品群）清单的命令，条件是上述商品（商品群）由权利人（专利持有人）引入俄罗斯联邦境外流通，并经其同意。 | 是 | 0 | 0 |
| 9.4.2　知识产权执法：可以采取临时措施 | 《民法典》（第六部于2006年12月18日通过，2022年6月28日最新修订）第1252（2）、1302条<br>《民事诉讼法典》（2002年11月14日通过，2022年4月16日最新修订）第144-1条<br>《俄罗斯联邦若干立法法案的联邦法》（联邦法律46-FZ，2022年3月8日通过，2022年6月28日最新修订）第18（3）条<br>注：俄罗斯联邦电信、信息技术和大众传媒监督局（Roskomnadzor）负责执行法院针对知识产权侵权所采取的临时措施：http://nap.rkn.gov.ru /. | 是 | 0 | 0 |
| 9.4.3　知识产权执法：可以进行刑事执法程序和处罚 | 《刑法典》（1996年6月13日通过，2021年7月1日最新修订）第146条<br>《刑事诉讼法》（联邦法律174-FZ，2011年12月18日通过，2021年7月1日最新修订） | 是 | 0 | 0 |

续表

| 数字措施 | 具体内容 | 答案 | 打分 | 分值 |
|---|---|---|---|---|
| dg.4　知识产权 | | | 2 | 0.043 |
| 9.4.3　知识产权执法：可以进行刑事执法程序和处罚 | 注：俄罗斯《刑法典》规定了以下行为的刑事责任：（i）剽窃（盗用作者身份），前提是侵权行为对作者 / 版权所有者造成严重损害；（ii）大规模地非法使用版权和邻接权，以及为销售目的购买、储存和运输假冒作品和录音制品的复制品。 | 是 | 0 | 0 |
| dg.5　其他影响数字服务贸易的壁垒 | | | 5 | 0.11 |
| 10.1.1　影响跨境数字贸易的业绩要求 | 《民法典》（第六部于 2006 年 12 月 18 日通过，2021 年 6 月 11 日最新修订）第四章<br>《信息、信息技术和信息保护法》（联邦法律 149-FZ，2006 年 7 月 8 日通过，2010 年 7 月 27 日生效，2021 年 7 月 2 日最新修订）第 12-1 条<br>《关于为国家和城市公共采购目的禁止进口来自国外的软件的裁决》（2015 年 11 月 16 日通过，2021 年 7 月 20 日最新修订）<br>注：为了扩大俄罗斯程序在计算机和数据库中的使用，确认其原产地，并为各程序的持有人提供国家支持，该法律要求建立用于电子计算机和数据库的俄罗斯程序的统一登记制度。自 2017 年起，除非没有与外国软件相对应的俄罗斯版本，否则禁止公共采购国外（欧亚经济联盟成员国例外）的电子计算机和数据库程序。 | 否 | 0 | 0 |
| 10.2.1　影响跨境数字交易的下载和流媒体的限制 | 《信息、信息技术和信息保护法》（联邦法律 149-FZ，2006 年 7 月 8 日通过，2010 年 7 月 27 日生效，2021 年 7 月 2 日最新修订）第 15-3、15-8 条、15-9 条<br>注：主管机构拥有拦截互联网站点上内容的广泛权力。 | 是 | 1 | 0.022 |
| 10.3.1　在线广告限制 | 《广告法》（联邦法律 38-FZ，2006 年 3 月 13 日通过，2019 年 5 月 1 日最新修订）第 5、18、21（8）条 | 是 | 1 | 0.022 |

续表

| 数字措施 | 具体内容 | 答案 | 打分 | 分值 |
| --- | --- | --- | --- | --- |
| dg.5 其他影响数字服务贸易的壁垒 | | | 5 | 0.11 |
| 10.3.1 在线广告限制 | 注：自 2021 年起，禁止在外国实体的信息资源上发布旨在吸引俄罗斯联邦境内消费者注意力的广告，该外国实体可以是互联网网站、互联网网站页面、信息系统所有者、电子计算机程序，在俄罗斯联邦境内每天有超过五十万互联网用户访问，如果监管机构通过了禁止在此类信息资源上发布广告的决定（如果上述外国实体不符合法律要求，例如维持本地存在）。 | 是 | 1 | 0.022 |
| 10.4.1 要求有商业存在才能提供跨境服务 | 《大众传媒法》（联邦法律 2124-1，1991 年 12 月 27 日通过，2020 年 3 月 1 日最新修订）第 6 条和第 25-1 条<br>《信息、信息技术和信息保护法》（联邦法律 149-FZ，2006 年 7 月 8 日 通 过，2010 年 7 月 27 日生效，2021 年 7 月 2 日最新修订）第 10、15-9 条<br>注：根据 2020 年修订的《大众传媒法》，外国法律实体在接受外国、国家机构、国际组织或外国公民资助的情况下，通过音频或视听手段传播信息和资料（包括通过互联网），可被认定为履行外国代理人职能的外国大众传媒。此类外国大众传媒只能通过在当地注册的法人实体传播信息和资料，而且必须有特别说明，表明此类信息是由外国代理人制作和传播的。如果相关大众媒体不符合法律要求，其在俄罗斯联邦境内的传播将被封锁。自 2022 年起，相关条款已被纳入关于外国代理人的新法律（《关于控制受外国影响者活动的联邦法》第 255 条法令，2022 年 7 月 14 日通过），另见俄罗斯联邦政府关于联邦通信、信息技术和大众传媒监督局与履行外国代理人职能的外国大众传媒或由其建立的俄罗斯法人实体之间的互动，以及限制和最新修订获取相关人员信息资源并向公民（个人）通报此类限制的程序的裁决联邦第 990 法令，2020 年 7 月 6 日通过。 | 是 | 1 | 0.022 |

续表

| 数字措施 | 具体内容 | 答案 | 打分 | 分值 |
|---|---|---|---|---|
| dg.5　其他影响数字服务贸易的壁垒 | | | 5 | 0.11 |
| 10.5.1　要求有当地存在才能提供跨境服务 | TLD RU 协调中心（.RU 和 .PФ 域名注册的条款和条件）<br>《关于外国人士在俄罗斯联邦境内从事信息活动的联邦法》（联邦法律 236-FZ，2021 年 1 月 1 日通过）第 5 条和第 9 条<br>注：自 2021 年起，外国实体，即互联网网站、互联网网站页面、信息系统和电子计算机程序的所有者，且一天内访问该网站的俄罗斯联邦境内互联网用户超过五十万，属于以下类别之一：以俄罗斯联邦国语 / 俄罗斯联邦主体国语传播信息；传播旨在吸引俄罗斯联邦境内消费者注意力的广告；或处理俄罗斯联邦境内用户的信息；或接收来自俄罗斯个人和法人实体的收益，必须在俄罗斯联邦境内创建分支机构或开设代表处，或建立俄罗斯法人实体。 | 是 | 1 | 0.022 |
| 10.6.1　企业可以在商业行为限制了特定市场竞争时采取补救措施 | 《俄罗斯联邦外国投资法》（联邦法律 160-FZ，1999 年 7 月 9 日通过，2021 年 7 月 2 日最新修订）第 10（5.2）条<br>《俄罗斯联邦仲裁程序法》（2002 年 7 月 24 日通过，2021 年 7 月 1 日最新修订）第 27（5）条<br>《俄罗斯联邦竞争保护法》（联邦法律 135-FZ，2006 年 7 月 26 日通过，2021 年 7 月 1 日最新修订）第 IX 章。 | 是 | 0 | 0 |
| 10.50.1　数字化服务的其他限制 | 《信息、信息技术和信息保护法》（联邦法律 149-FZ，2006 年 7 月 8 日通过，2010 年 7 月 27 日生效，2021 年 7 月 14 日最新修订）第 10-4、10-5 条<br>《俄罗斯联邦关键信息基础设施安全联邦法》（联邦法律 187-FZ，2017 年 7 月 26 日通过）<br>《关于控制受外国影响人员活动的联邦法》（联邦法律 255-FZ，2022 年 7 月 14 日通过）第 11 条 | 是 | 1 | 0.022 |

续表

| 数字措施 | 具体内容 | 答案 | 打分 | 分值 |
|---|---|---|---|---|
| dg.5 其他影响数字服务贸易的壁垒 | | | 5 | 0.11 |
| 10.50.1 数字化服务的其他限制 | 注：自 2017 年起，只有在注册的法人实体或不具有其他公民身份的俄罗斯公民才能拥有形成和（或）组织互联网上视听作品发行、需要付费访问和（或）观看针对俄罗斯境内消费者的广告、每天有超过十万用户在俄罗斯境内访问的网站和（或）互联网页面、和（或）信息系统以及（或）电子计算机程序。如果俄罗斯境内用户数量少于用户总数的 50%，则外国实体 / 公民、超过 20% 的外资参与的俄罗斯合资企业、外国国家或国际组织可以例外。在获得国家授权委员会的事先同意后，上述实体可以拥有视听服务的 20% 以上。自 2022 年起，法律规定了适用于被视为外国代理的实体的某些限制。根据法律规定，外国代理人可以是接受外国支持或受外国影响并从事某些活动的俄罗斯或外国法律实体。这些活动包括分销印刷品、音频、视听及其他供公众使用的信息和材料（包括使用互联网），以及（或）参与制作这些信息和材料，或为这些活动提供资金。外国代理无权经营某些关键信息基础设施或投资俄罗斯战略企业。 | 是 | 1 | 0.022 |

资料来源：OECD Digital STRI。

# 参考文献

## 中文文献


黄宁、李杨:《“三难选择”下跨境数据流动规制的演进与成因》,载《清华大学学报(哲学社会科学版)》2017 年第 9 期。

李海英:《数据本地化立法与数字贸易的国际规则》,载《信息安全研究》2016 年第 9 期。

李墨丝:《CPTPP+ 数字贸易规则、影响及对策》,载《国际经贸探索》2020 年第 12 期。

梁咏等著:《全球化大变局下的中欧贸易治理:博弈、竞合和未来》,法律出版社 2020 年 10 月版。

彭岳:《数字贸易治理及其规制路径》,载《比较法研究》2021 年第 4 期。

单文华、邓娜:《欧美跨境数据流动规制:冲突、协调与借鉴——基于欧盟法院“隐私盾”无效案的考察》,载《西安交通大学学报(社会科学版)》2021 年第 5 期。

沈玉良等:《是数字贸易规则,还是数字经济规则?——新一代贸易规则的中国取向》，载《管理世界》2022 年第 8 期。

沈玉良：《数字贸易发展转折点：技术与规则之争——全球数字贸易促进指数分析报告（2021）》，载《世界经济研究》2022 年第 5 期。

石静霞：《数字经济背景下的 WTO 电子商务诸边谈判：最新发展及焦点问题》，载《东方法学》2020 年第 2 期。

孙天昊：《美国贸易政策嬗变的政治经济学分析——基于经济阶层和党派利益的研究视角》，载《美国研究》2022 年第 4 期。

张宇燕、冯维江：《从“接触”到“规锁”：美国对华战略意图及中美博弈的四种前景》，载《清华金融评论》2018 年第 7 期。

张泽平：《全球治理背景下国际税收秩序的挑战与变革》，载《中国法学》2017 年第 3 期。

赵旸頔、彭德雷：《全球数字经贸规则的最新发展与比较——基于对〈数字经济伙伴关系协定〉的考察》，载《亚太经济》2020 年第 4 期。

中国国际经济交流中心“一带一路”课题组：《“数字丝绸之路”重在规则建设》，载《经济日报》2021 年 8 月 19 日第 10 版。

中国信息通信研究院主编：《数字经济治理白皮书》，2021 年 12 月。

周念利、姚亭亭：《中国自由贸易试验区推进数据跨境流动的现状、难点及对策分析》，载《国际商务研究》2021 年第 3 期。

# 英文文献

Ali Parry et al., “Are Digital Advances and Inclusive Growth Compatible Goals? Implications for Trade Policy in Developing Countries,” in Maarten Smeets ed., *Adapting to the Digital Trade Era: Challenges and Opportunities*, Geneva: WTO, 2021.

Amir Nasr, “The Digital Economy Should be Front and Center for the Indo-Pacific Economic Framework”, https://www.project-disco.org/21st-century-trade/060122-the-digital-economy-should-be-front-and-center-for-the-indo-pacific-economic-framework/.

André Sapir, Henrik Horn and Petros C. Mavroidis, “Beyond the WTO? An Anatomy of EU and US Preferential Trade Agreements”, *The World Economy*, 2010, 33(11): 1565—1588.

Andreyka Natalegawa and Gregory B. Poling, “The Indo-Pacific Economic Framework & Digital Trade in Southeast Asia”, Center for Strategic and International Studies (CSIS) (2022), https://www.jstor.org/stable/resrep41411.

Anu Bradford, *The Brussels Effect: How the European Union Rules the World*, Oxford University Press, 2020.

ASEAN, “ASEAN 2025 at a Glance,” November 24, 2015, https://asean.org/asean-2025-at-a-glance/.

China Strategy Group, "Asymmetric Competition: A Strategy for China & Technology", https://ia802209.us.archive.org/0/items/final-memo-china-strategy-group-axios-1/final-memo-china-strategy-group-axios-1.pdf.

David Reinsel, John Gantz & John Rydning, "Digital Age 2025: The Digitization of the World from Edge to Core", IDC White Paper, November 2018.

Duane Morris, "Russia's New Personal Data Localization Law Goes into Effect", https://www.duanemorris.com/alerts/russia_personal_data_localization_law_goes_into_effect_1015.html.

Elke Asen & Daniel Bunn, "What European OECD Countries Are Doing about Digital Services Taxes", https://taxfoundation.org/digital-tax-europe-2020/.

European Commission, European Commission and HR/VP contribution to the European Council, "EU-China—A strategic outlook", March 2019.

European Commission, "Joint Statement of the Trilateral Meeting of the Trade Ministers of the United States", European Union, and Japan, https://trade.ec.europa.eu/doclib/docs/2019/may/tradoc_157894.pdf.

European Commission, "Modernising VAT for Cross-Border E-Commerce", https://ec.europa.eu/taxation_customs/business/vat/modernising-vat-cross-border-ecommerce_en.

European Commission, "White Paper: On Artificial Intelligence-A

European Approach to Excellence and Trust," February 19, 2020, https://commission.europa.eu/system/files/2020-02/commission-white-paper-artificial-intelligence-feb2020_en.pdf.

European Parliament, "A new EU-China strategy", European Parliament resolution of 16 September 2021 on a new EU-China strategy.

Francesca Casalini, Javier López González and Evdokia Moïsé, "Approaches to Market Openness in the Digital Age," *OECD Trade Policy Papers*, No. 219, 2019, http://dx.doi.org/10.1787/818a7498-en.

Graham Allison, Kevin Klyman & Karina Barbesino et al, "The Great Tech Rivalry: China vs the U.S.", *Harvard Kennedy School's Belfer Center for Science and International Affairs Paper*, December 2021.

Hari Prabowo, "E-Commerce in Post COVID-19 Era", submitted by Indonesia at Preparatory Meeting for the Symposium on APEC Supporting the WTO Negotiations on Trade Related Aspects of E-Commerce, 2 February 2021, 2021/CTI/SYM/PM/006, http://mddb.apec.org/Documents/2021/CTI/SYM1-PM/21_cti_sym1_pm_006.pdf.

Henry Gao, "Digital or Trade? The Contrasting Approaches of China and US to Digital Trade", 21 *Journal of International Economic Law*, 297 (2018).

Infocomm Media Development Authority and Personal Data Protection Commission, "Trusted Data Sharing Framework," June 28, 2019, https://www.imda.gov.sg/-/media/Imda/Files/Programme/Data-Collaborative-

Programme/Trusted-Data-Sharing-Framework.pdf.

International Telecommunication Union, “Measuring Digital Development: Facts and Figures 2021,” 2021, https://www.itu.int/en/ITU-D/Statistics/Documents/facts/FactsFigures2021.pdf.

Inside U.S. Trade, “China check-in: Trade and Tech Council isn’t about China, but it looms”, https://insidetrade.com/trade/china-check-trade-and-tech-council-isn%E2%80%99t-about-china-it-looms.

Inside U.S. Trade, “U.S. participation in e-commerce initiative tied to ambitious outcome”, https://insidetrade.com/daily-news/us-participation-e-commerce-initiative-tied-ambitious-outcome.

Inside U.S. Trade, “Indonesia joins WTO E-Commerce Talks Despite Opposition to Permanent Moratorium”, https://insidetrade.com/daily-news/indonesia-joins-wto-e-commerce-talks-despite-opposition-permanent-moratorium.

Inside U.S. Trade, “Nascent Asia-Pacific digital initiative raises questions”, https://insidetrade.com/daily-news/nascent-asia-pacific-digital-initiative-raises-questions.

Inside U.S. Trade, “Sullivan: White House eyeing outbound investments that undermine export controls”, https://insidetrade.com/daily-news/sullivan-white-house-eyeing-outbound-investments-undermine-export-controls.

Jake Harrington and Riley McCabe, “What the U.S. Innovation and

Competition Act Gets Right", https://www.csis.org/analysis/what-us-innovation-and-competition-act-gets-right-and-what-it-gets-wrong.

Joshua P.Meltzer, "A New Digital Trade Agenda, E15Initiative", *International Centre for Trade and Sustainable Development (ICTSD) and World Economic Forum*, August 2015, e15initiative.org/publications/a-new-digital-trade-agenda.

Martina F. Ferracane, "Restrictions on Cross-Border data flows: a taxonomy", *ECIPE Working Paper No. 1/2017.*

Matthew P.Goodman, "DEPA and the Path Back to TPP", https://www.csis.org/analysis/depa-and-path-back-tp.

McKinsey Global Institute, *Digital Globalization: The New Era of Global Flows*, March 2016.

Meredith Broadbent, "Implications of the Digital Markets Act for Transatlantic Cooperation", https://www.csis.org/analysis/implications-digital-markets-act-transatlantic-cooperation.

Mira Burri and Rodrigo Polanco, "Digital Trade Provisions in Preferential Trade Agreements: Introducing a New Dataset", 23 *Journal of International Economic Law*, 187 (2020).

Monika Ermert, "TISA Negotiations: Yes to E-Commerce, Data Flows, No to IPR, Data Protection?" *Intellectual Property Watch*, 17 December 2014, https://www.ip-watch.org/2014/12/17/tisa-negotiations-yes-to-e-commercedata-flows-no-to-ipr-data-protection/.

National Science and Technology Council, Critical and Emerging Technologies List Update, https://www.whitehouse.gov/wp-content/uploads/2022/02/02-2022-Critical-and-Emerging-Technologies-List-Update.pdf.

New Zealand Foreign Affairs & Trade, "Digital Economy Partnership Agreement: National Interest Analysis," June 2020, https://www.mfat.govt.nz/assets/Trade-agreements/DEPA/DEPA-NIA-June-2020-for-MFAT-website.pdf, p.20. [ 2022-12-20 ]

OECD/G20 Base Erosion and Profit Shifting Project, "Statement on a Two-Pillar Solution to Address the Tax Challenges Arising from the Digitalisation of the Economy", 8 October 2021.

Rachel F. Fefer, "Internet Regimes and WTO E-Commerce Negotiations", *Congressional Research Service R46198*, https://crsreports.congress.gov/product/pdf/download/R/R46198/R46198.pdf.

Roxana Vatanparast, "The Infrastructures of the Global Data Economy: Undersea Cables and International Law", https://harvardilj.org/wp-content/uploads/sites/15/Vatanparast-PDF-format.pdf.

Scott L. Baier and Jeffrey H. Bergstrand, "Do free trade agreements actually increase members' international trade?" 71(1), Journal of international Economics: 72—95 (2007).

Shoshana Zuboff, "Big other: surveillance capitalism and the prospects of an information civilization", 30 *Journal of Information Technology* 75–89 (2015).

Siddharth Mohandas, Kristine Lee and Joshua Fitt, et al., "Designing a U.S. Digital Development Strategy", *Center for a New American Security*, September 2020.

Stephen Olson, "Forget about free trade agreements", 23 August 2022, https://www.hinrichfoundation.com/research/article/ftas/free-trade-agreements-us/.

Susan Aaronson, "The One Trade Agreement Biden Should Sign Up For Now", https://www.barrons.com/articles/the-one-trade-agreement-biden-should-sign-up-for-now-51614607309.

The White House, "U.S.-EU Summit Statement", https://www.whitehouse.gov/briefing-room/statements-releases/2021/06/15/u-s-eu-summit-statement/.

The White House, "Fact Sheet: U.S.-Japan Competitiveness and Resilience (CoRe) Partnership", 16 April 2021, https://www.whitehouse.gov/briefing-room/statements-releases/2021/04/16/fact-sheet-u-s-japan-competitiveness-and-resilience-core-partnership/.

UNCTAD, "Digital Economy Report 2021," https://unctad.org/system/files/official-document/der2021_en.

UNCTAD, "Estimates of Global E-Commerce 2019 and Preliminary Assessment of COVID-19 Impact on Online Retail 2020", UNCTAD Technical Notes on ICT for Development No.18, May 2021.

UNCTAD, "The 'New' Digital Economy and Development", *UNCTAD Technical Notes on ICT for Development*, No.8, TN/UNCTAD/ICT4D/08, October 2017.

U.S. Department of Commerce, "Global Cross-Border Privacy Rules Declaration", https://www.commerce.gov/global-cross-border-privacy-rules-declaration.

US Department of Treasury, "Joint Statement from the United States, Austria, France, Italy, Spain, and the United Kingdom, Regarding a Compromise on a Transitional Approach to Existing Unilateral Measures During the Interim Period Before Pillar 1 is in Effect", October 21, 2021, https://home.treasury.gov/news/press-releases/jy0419.

USITC, "Digital Trade in the U.S. and Global Economies", Part 1, July 2013.

USITC, "Digital Trade in the U.S. and Global Economies", Part 2, August 2014.

USITC, "Global Digital Trade 1: Market Opportunities and Key Foreign Trade Restrictions", August 2017.

USTR, "2022 National Trade Estimate Report", 2022.

USTR, "Fact Sheet: United States and 60 Global Partners Launch Declaration for the Future of the Internet", 28 April 2022, https://www.whitehouse.gov/briefing-room/statements-releases/2022/04/28/fact-sheet-united-states-and-60-global-partners-launch-declaration-for-the-future-of-the-internet/.

USTR, "Ministerial Texts for Supply Chains Pillar of the Indo-Pacific Economic Framework for Prosperity", https://www.commerce.gov/sites/default/files/2022-09/Pillar-II-Ministerial-Statement.pdf.

USTR, "Ministerial Texts for Trade Pillar of the Indo-Pacific Economic Framework for Prosperity", https://ustr.gov/about-us/policy-offices/press-office/press-releases/2022/september/indo-pacific-economic-framework-prosperity-biden-harris-administrations-negotiating-goals-connected.

USTR, "Outlines of the Trans-Pacific Partnership Agreement", https://ustr.gov/about-us/policy-offices/press-office/fact-sheets/2011/november/outlines-trans-pacific-partnership-agreement.

USTR, "Summary of the Trans-Pacific Partnership Agreement", https://ustr.gov/about-us/policy-offices/press-office/press-releases/2015/october/summary-trans-pacific-partnership.

WEF, "A Roadmap for Cross-Border Data Flows: Future-Proofing Readiness and Cooperation in the New Data Economy", *World Economic Forum White Paper*, June 2020.

Wendy Cutler and Joshua P.Meltzer, “Digital trade deal ripe for the Indo-Pacific”, 5 April 2021, https://www.brookings.edu/opinions/digital-trade-deal-ripe-for-the-indo-pacific/.

WTO, “China’s Proposal on WTO Reform, Communication from China”, WT/GC/W/773, 13 May 2019.

WTO, “Communication from China, Joint Statement on Electronic Commerce”, INF/ECOM/19, 24 April 2019.

WTO, “WTO Electronic Commerce Negotiations Consolidated Negotiating Text”, INF/ECOM/62/Rev.1, 14 December 2020.

WTO, “Communication from Brazil, Joint Statement on Electronic Commerce”, JOB/GC/203 (INF/ECOM/17), 30 October 2018.

WTO, “Communication from the European Union, Joint Statement on Electronic Commerce-EU proposal for WTO disciplines and commitments relating to electronic commerce”, INF/ECOM/22, 26 April 2019.

WTO, “Communication from the Russia Federation, Joint Statement on Electronic Commerce Initiative”, JOB/GC/181 (INF/ECOM/8), 16 April 2018.

WTO, “Communication from the United States, Joint Statement on Electronic Commerce Initiative”, JOB/GC/178 (INF/ECOM/5), 12 April 2018.

WTO, “Communication from the United States, Work Programme on Electronic Commerce, the Economic Benefits of Cross-border Data Flows”,

S/C/W/382, 17 June 2019.

WTO, "Declaration on Global Electric Commerce", WT/MIN (98) / DEC/2, 25 May 1998.

WTO, "Informal Working Group on MSMES: Declaration on Micro, Small and Medium-Sized Enterprises (MSMES)," 14 December 2020, https://docs.wto.org/dol2fe/Pages/SS/directdoc.aspx?filename=q:/INF/MSME/4.pdf&Open=True.

WTO, "Joint Statement on Electronic Commerce: Co-conveners' Update", December 2020, https://www.wto.org/english/news_e/news20_e/ecom_14dec20_e.pdf.

WTO, "Communication from Japan, Joint Statement on Electronic Commerce Initiative, List of the Key Elements and Ideas on Electronic Commerce", JOB/GC/180 (INF/ECOM/7), 13 April 2018.

WTO, "Strengthening and Modernizing the WTO: Discussion Paper, Communication from Canada", JOB/GC/201, 24 September 2018.

WTO, "WTO Electronic Commerce Negotiations Consolidated Negotiating Text" INF/ECOM/62/Rev.1, 14 December 2020.

**图书在版编目(CIP)数据**

数字贸易规则与高水平开放/李墨丝著.—上海：
上海人民出版社,2023
ISBN 978-7-208-18600-2

Ⅰ.①数… Ⅱ.①李… Ⅲ.①国际贸易-电子商务-
研究-中国 Ⅳ.①F724.6

中国国家版本馆CIP数据核字(2023)第197333号

**责任编辑** 吴书勇
**封面设计** 汪 昊

**数字贸易规则与高水平开放**
李墨丝 著

**出　　版** 上海人民出版社
(201101 上海市闵行区号景路159弄C座)
**发　　行** 上海人民出版社发行中心
**印　　刷** 上海新华印刷有限公司
**开　　本** 787×1092 1/16
**印　　张** 15.5
**插　　页** 2
**字　　数** 157,000
**版　　次** 2023年11月第1版
**印　　次** 2023年11月第1次印刷
ISBN 978-7-208-18600-2/F·2849
**定　　价** 70.00元